Ciencia y tecnología

CIENCIAS
interactivas

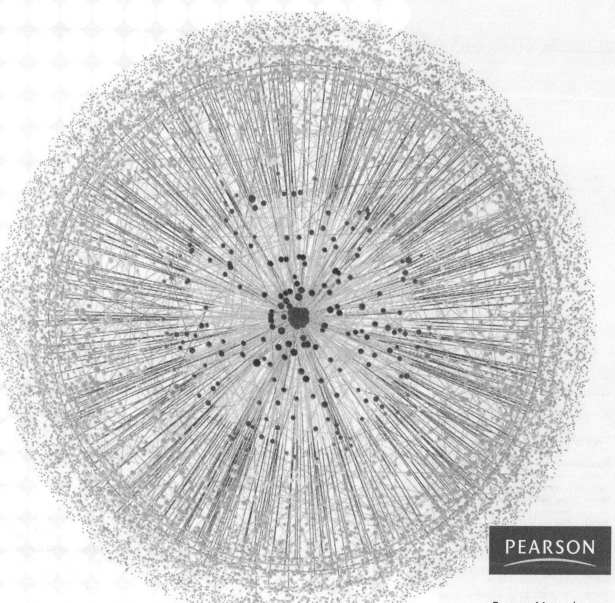

PEARSON

Boston, Massachusetts
Chandler, Arizona
Glenview, Illinois
Upper Saddle River, New Jersey

AUTORES

¡Eres el autor!

A medida que escribas en este libro de Ciencias, dejarás un registro de tus respuestas y descubrimientos personales, de modo que este libro será único para ti. Por eso eres uno de los principales autores de este libro.

✎ **En el espacio que sigue, escribe tu nombre y el nombre de tu escuela, ciudad y estado. Luego, escribe una autobiografía breve que incluya tus intereses y tus logros.**

Tu foto

TU NOMBRE

ESCUELA

CIUDAD, ESTADO

AUTOBIOGRAFÍA

Acknowledgments appear on pages 163–164, which constitute an extension of this copyright page.

ISBN-13: 978-0-13-363846-2
ISBN-10: 0-13-363846-4
8   17

EN LA PORTADA
Un modelo de Internet
Este modelo muestra cómo todas las redes conocidas se conectan entre sí por medio de Internet. Cada punto representa una red. Los puntos grandes del centro representan las redes que manejan la mayor parte del tráfico en Internet. Ya sea que te conectes a una red central o a una de las redes más pequeñas de la periferia, puedes ponerte en contacto con cualquier persona de cualquier otra red ¡a nivel mundial!

Autores del programa

DON BUCKLEY, M.Sc.
Director de Tecnología de la información y las comunicaciones, The School at Columbia University, Nueva York, Nueva York
Durante casi dos décadas, Don Buckley ha estado a la vanguardia de la tecnología educativa para los grados K a 12. Fundador de Tecnólogos de Escuelas Independientes de la ciudad de Nueva York (NYCIST) y presidente de la conferencia anual de TI de la Asociación de Escuelas Independientes de Nueva York desde hace tiempo, Buckley ha enseñado a estudiantes de dos continentes y ha creado sistemas de instrucción multimedia y basados en Internet para escuelas de todo el mundo.

ZIPPORAH MILLER, M.A.Ed.
Directora ejecutiva adjunta de programas y conferencias para profesionales, Asociación Nacional de Maestros de Ciencias (NSTA), Arlington, Virginia
Directora ejecutiva adjunta de programas y conferencias para profesionales de la NSTA, Zipporah Miller es ex supervisora de Ciencias para los grados K a 12 y coordinadora de Ciencias, Tecnología, Ingeniería y Matemáticas del Distrito de Escuelas Públicas del Condado de Prince George, Maryland. Es consultora educativa de Ciencias y ha supervisado el desarrollo del plan de estudios y la capacitación de más de 150 coordinadores de Ciencias del distrito.

MICHAEL J. PADILLA, Ph.D.
Decano adjunto y director, Escuela de educación Eugene P. Moore, Clemson University, Clemson, Carolina del Sur
Ex maestro de escuela media y líder en la enseñanza de Ciencias en la escuela media, el doctor Michael Padilla se ha desempeñado como presidente de la Asociación Nacional de Maestros de Ciencias y como redactor de los Estándares Nacionales para la Enseñanza de Ciencias. Actualmente es profesor de Ciencias en Clemson University. Como autor principal de la serie *Science Explorer*, el doctor Padilla ha inspirado al equipo a desarrollar un programa que promueva la indagación en los estudiantes y cubra las necesidades de los estudiantes de hoy.

KATHRYN THORNTON, Ph.D.
Profesora y decana adjunta, Escuela de Ingeniería y Ciencias aplicadas, University of Virginia, Charlottesville, Virginia
Seleccionada por la NASA en mayo de 1984, la doctora Kathryn Thornton es veterana de cuatro vuelos espaciales. Tiene en su haber más de 975 horas en el espacio, incluidas más de 21 horas de actividades extravehiculares. Como autora de la serie *Scott Foresman Science*, el entusiasmo que Thornton siente por las ciencias ha inspirado a maestros de todo el mundo.

MICHAEL E. WYSESSION, Ph.D.
Profesor adjunto de Ciencias planetarias y Ciencias de la Tierra, Washington University, St. Louis, Missouri
Autor de más de 50 publicaciones científicas, el doctor Wysession ganó las prestigiosas becas de Packard Foundation y Presidential Faculty por su investigación en geofísica. El doctor Wysession es un experto en la estructura interna de la Tierra y ha realizado mapeos de varias regiones de la Tierra mediante la tomografía sísmica. Es conocido en todo el mundo por su trabajo en la enseñanza y difusión de la geociencia.

Autor de Diseño Pedagógico

GRANT WIGGINS, Ed.D.
Presidente, Authentic Education, Hopewell, Nueva Jersey
El doctor Wiggins es co-autor de *Understanding by Design, 2nd Edition* (ASCD 2005). Su enfoque de diseño pedagógico provee a los maestros con un método dsiciplinado de pensamiento para desarrollar el currículo, la evaluación y la instrucción, que transforma la enseñanza de cubrir contenido a asegurar la comprensión. UNDERSTANDING BY DESIGN® and UbD® are trademarks of ASCD, and are used under license.

Autor de *Planet Diary*

JACK HANKIN
Maestro de Ciencias y Matemáticas, The Hilldale School, Dale City, California Fundador del sitio web Planet Diary
Jack Hankin es el creador y escritor de *Planet Diary*, un sitio web de actualidad científica. Le apasiona divulgar noticias sobre ciencia y fomentar la conciencia acerca del medio ambiente. Dictó talleres de Planet Diary en la NSTA y otros cursos de capacitación para docentes de escuelas medias y superiores.

Consultor de ELL

JIM CUMMINS, Ph.D.
Profesor y titular del Canada Research, Departamento de plan de estudios, enseñanza y aprendizaje de University of Toronto.
El doctor Cummins se centra en la lectoescritura en escuelas multilingües y el rol de la tecnología para estimular el aprendizaje entre planes de estudios. *Ciencias interactivas* incorpora principios fundamentales basados en la investigación para integrar la lengua con la enseñanza de contenidos académicos, según su marco educativo.

Consultor de Lectura

HARVEY DANIELS, Ph.D.
Profesor de educación secundaria, University of New Mexico, Albuquerque, Nuevo México
El doctor Daniels es consultor internacional para escuelas, distritos y organismos educativos. Es autor y co-autor de 13 libros acerca de la lengua, lectoescritura y educación. Sus trabajos más recientes son *Comprehension and Collaboration: Inquiry Circles in Action* y *Subjects Matter: Every Teacher's Guide to Content-Area Reading*.

REVISORES

Escritores colaboradores

Edward Aguado, Ph.D.
Profesor, Departamento de
    Geografía
San Diego State University
San Diego, California

Elizabeth Coolidge-Stolz, M.D.
Escritora médica
North Reading, Massachusetts

Donald L. Cronkite, Ph.D.
Profesor de Biología
Hope College
Holland, Michigan

Jan Jenner, Ph.D.
Escritora de Ciencias
Talladega, Alabama

Linda Cronin Jones, Ph.D.
Profesora adjunta de Ciencias y
    Educación ambiental
University of Florida
Gainesville, Florida

T. Griffith Jones, Ph.D.
Profesor clínico adjunto de
    Educación en Ciencias
College of Education
University of Florida
Gainesville, Florida

Andrew C. Kemp, Ph.D.
Maestro
Jefferson County Public Schools
Louisville, Kentucky

Matthew Stoneking, Ph.D.
Profesor adjunto de Física
Lawrence University
Appleton, Wisconsin

R. Bruce Ward, Ed.D.
Investigador principal adjunto
Departamento de Educación en
    Ciencias
Harvard-Smithsonian Center for
    Astrophysics
Cambridge, Massachusetts

Museum of Science®

Agradecemos especialmente al *Museum of Science*
(Museo de Ciencias) de Boston, Massachusetts, y a
Ioannis Miaoulis, presidente y director del museo, su
contribución como consultores de los elementos de
tecnología y diseño de este programa.

Revisores de contenido

Paul D. Beale, Ph.D.
Departamento de Física
University of Colorado at Boulder
Boulder, Colorado

Jeff R. Bodart, Ph.D.
Profesor de Ciencias físicas
Chipola College
Marianna, Florida

Joy Branlund, Ph.D.
Departamento de Ciencias de la
    Tierra
Southwestern Illinois College
Granite City, Illinois

Marguerite Brickman, Ph.D.
División de Ciencias biológicas
University of Georgia
Athens, Georgia

Bonnie J. Brunkhorst, Ph.D.
Educación en Ciencias y Ciencias
    geológicas
California State University
San Bernardino, California

Michael Castellani, Ph.D.
Departamento de Química
Marshall University
Huntington, West Virginia

Charles C. Curtis, Ph.D.
Profesor investigador adjunto de
    Física
University of Arizona
Tucson, Arizona

Diane I. Doser, Ph.D.
Departamento de Ciencias
    geológicas
University of Texas
El Paso, Texas

Rick Duhrkopf, Ph.D.
Departamento de Biología
Baylor University
Waco, Texas

Alice K. Hankla, Ph.D.
The Galloway School
Atlanta, Georgia

Mark Henriksen, Ph.D.
Departamento de Física
University of Maryland
Baltimore, Maryland

Chad Hershock, Ph.D.
Centro para la Investigación del
    Aprendizaje y la Enseñanza
University of Michigan
Ann Arbor, Michigan

Jeremiah N. Jarrett, Ph.D.
Departamento de Biología
Central Connecticut State
    University
New Britain, Connecticut

Scott L. Kight, Ph.D.
Departamento de Biología
Montclair State University
Montclair, Nueva Jersey

Jennifer O. Liang, Ph.D.
Departamento de Biología
University of Minnesota–Duluth
Duluth, Minnesota

Candace Lutzow-Felling, Ph.D.
Directora de Educación
The State Arboretum of Virginia
University of Virginia
Boyce, Virginia

Cortney V. Martin, Ph.D.
Virginia Polytechnic Institute
Blacksburg, Virginia

Joseph F. McCullough, Ph.D.
Presidente del Programa de Física
Cabrillo College
Aptos, California

Heather Mernitz, Ph.D.
Departamento de Ciencias físicas
Alverno College
Milwaukee, Wisconsin

Sadredin C. Moosavi, Ph.D.
Departamento de Ciencias de la
    Tierra y Ciencias ambientales
Tulane University
Nueva Orleans, Luisiana

David L. Reid, Ph.D.
Departamento de Biología
Blackburn College
Carlinville, Illinois

Scott M. Rochette, Ph.D.
Departamento de Ciencias de la
    Tierra
SUNY College at Brockport
Brockport, Nueva York

Karyn L. Rogers, Ph.D.
Departamento de Ciencias
    geológicas
University of Missouri
Columbia, Missouri

Laurence Rosenhein, Ph.D.
Departamento de Química
Indiana State University
Terre Haute, Indiana

Sara Seager, Ph.D.
Departamento de Ciencias
    planetarias y Física
Massachusetts Institute of
    Technology
Cambridge, Massachusetts

Tom Shoberg, Ph.D.
Missouri University of Science and
    Technology
Rolla, Missouri

Patricia Simmons, Ph.D.
North Carolina State University
Raleigh, Carolina del Norte

William H. Steinecker, Ph.D.
Investigador académico
Miami University
Oxford, Ohio

Paul R. Stoddard, Ph.D.
Departamento de Geología y
    Geociencias ambientales
Northern Illinois University
DeKalb, Illinois

John R. Villarreal, Ph.D.
Departamento de Química
The University of Texas–Pan
    American
Edinburg, Texas

John R. Wagner, Ph.D.
Departamento de Geología
Clemson University
Clemson, Carolina del Sur

Jerry Waldvogel, Ph.D.
Departamento de Ciencias
    biológicas
Clemson University
Clemson, Carolina del Sur

Donna L. Witter, Ph.D.
Departamento de Geología
Kent State University
Kent, Ohio

Edward J. Zalisko, Ph.D.
Departamento de Biología
Blackburn College
Carlinville, Illinois

CONTENIDO

 Zona de laboratorio **Entra en la Zona de laboratorio para hacer una indagación interactiva.**

Investigación de laboratorio del capítulo:
• Indagación dirigida: Mantener frescas las flores
• Indagación abierta: Mantener frescas las flores

Indagación preliminar: ¿Es realmente cierto? • ¿Qué tan agudos son tus sentidos? • ¿Qué sucede?

Actividades rápidas de laboratorio:
• Clasificar objetos • Pensar como un científico • Usar el pensamiento científico • La indagación científica • Teorías y leyes

MY SCIENCE ONLINE.com

Visita MyScienceOnline.com para interactuar con el contenido del capítulo en inglés.
Palabra clave: *What Is Science?*

> UNTAMED SCIENCE
• *What Is Science, Anyway?*

> PLANET DIARY
• *What Is Science?*

> INTERACTIVE ART
• *Why Make a Model?* • *Inquiry Diagram* • *Scientific Stumbling Blocks*

> VIRTUAL LAB
• *Introduction to Virtual Lab* • *What Is Scientific Inquiry?*

CAPÍTULO 2

La ciencia, la sociedad y tú

Entra en la Zona de laboratorio para hacer una indagación interactiva.

Investigación de laboratorio del capítulo:
• Indagación dirigida: Unir la información
• Indagación abierta: Unir la información

Indagación preliminar: • ¿Cuántas cosas relacionadas con la ciencia ves o escuchas? • Plantear preguntas • ¿Qué hacen los científicos? • ¿Qué aspecto tienen los científicos?

Actividades rápidas de laboratorio:
• Aplicar la ciencia • Encuesta sobre el conocimiento científico • Analizar afirmaciones • Fuentes de información • Fuentes de luz • Ramas de la ciencia • Se necesita ayuda

my science online.com

Visita MyScienceOnline.com para interactuar con el contenido del capítulo en inglés.
Palabra clave: *Science, Society, and You*

> **UNTAMED SCIENCE**
• *Principles of Scientific Principles*

> **PLANET DIARY**
• *Science, Society, and You*

> **INTERACTIVE ART**
• *Science in the Real World* • *Super Scientists*

> **REAL-WORLD INQUIRY**
• *When Science Sparks Controversy*

CONTENIDO

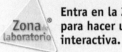 **Entra en la Zona de laboratorio para hacer una indagación interactiva.**

Investigación de laboratorio del capítulo:
• Indagación dirigida: Gráficas de densidad
• Indagación abierta: Gráficas de densidad

Indagación preliminar: • La historia de las medidas • ¿Cuántas canicas hay? • ¿Qué hay en la gráfica? • Modelos a escala • ¿Dónde están los equipos de seguridad en tu escuela?

Actividades rápidas de laboratorio:
• ¿Cuántos zapatos? • Medir longitudes con el sistema métrico • Tomar buenas medidas • ¿Qué tan cerca? • ¿Qué es una gráfica lineal? • Hacer modelos • Sistemas • Modelos en la naturaleza • Prepárate • Por si acaso

my science online.com

Visita MyScienceOnline.com para interactuar con el contenido del capítulo en inglés.
Palabra clave: *The Tools of Science*

> **UNTAMED SCIENCE**
• *Measuring Up*

> **PLANET DIARY**
• *The Tools of Science*

> **INTERACTIVE ART**
• *The Need for Numbers* • *Plotting a Line Graph* • *Modeling a System*

> **VIRTUAL LAB**
• *How Are Units Useful?*

Tecnología e ingeniería

CAPÍTULO 4

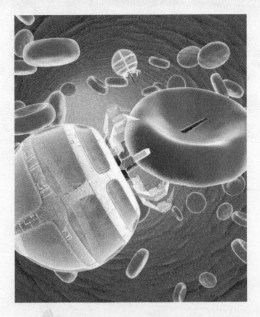

Zona laboratorio Entra en la Zona de laboratorio para hacer una indagación interactiva.

Investigación de laboratorio del capítulo:
• Indagación dirigida: Investigar un sistema tecnológico
• Indagación abierta: Investigar un sistema tecnológico

Indagación preliminar: ¿Qué ejemplos de tecnología conoces? • ¿Por qué hay que volver a diseñar? • A la caza de la tecnología • ¿Qué es la ingeniería?

Actividades rápidas de laboratorio:
• Clasificar • Procesar palabras • Observa cómo toman forma las ideas • Tecnología que ahorra tiempo • ¿Cómo influye la tecnología en tu vida? • Tener en cuenta el impacto • Diseñar una solución • Ramas de la ingeniería • Avances en el transporte

MY SCIENCE ONLINE.com

Visita MyScienceOnline.com para interactuar con el contenido del capítulo en inglés.
Palabra clave: *Technology and Engineering*

UNTAMED SCIENCE
• *Mimicking Nature*
PLANET DIARY
• *Technology and Engineering*
ART IN MOTION
• *Where Did Computers Come From?*
INTERACTIVE ART
• *Great Moments in Innovation*
• *Evolving Technology*
REAL-WORLD INQUIRY
• *Exploring Engineering*

CIENCIAS interactivas

Puedes escribir en el libro. Es tuyo.

PREGUNTA PRINCIPAL

?

¡Participa!

Al comienzo de cada capítulo verás dos preguntas: una Pregunta para participar y la Pregunta principal. Con la Pregunta principal de cada capítulo empezarás a pensar en las Grandes ideas de la ciencia. ¡Busca el símbolo de la Pregunta principal a lo largo del capítulo!

¿CÓMO TENEMOS LUZ GRACIAS AL VIENTO?

¿Cuáles son algunas de las fuentes de energía de la Tierra?

Este hombre está reparando un aerogenerador en un parque eólico de Texas. La mayoría de los aerogeneradores están al menos a 30 metros del suelo, donde los vientos son rápidos. La velocidad del viento y la longitud de las paletas determinan la mejor manera de aprovechar el viento y transformarlo en energía. **Desarrolla hipótesis** ¿Por qué crees que se trabaja para aumentar la energía que se obtiene del viento?

UNTAMED SCIENCE Mira el video de *Untamed Science* para aprender más sobre los recursos energéticos.

_____
_____
_____
_____

174 Recursos energéticos

Untamed Science

Sigue al equipo de los videos de *Untamed Science* mientras viaja por el mundo explorando las Grandes ideas de la ciencia.

Zona de laboratorio

Interactúa con tu libro.

Interactúa con la indagación.

Interactúa en línea.

CAPÍTULO
5

...ursos energéticos

Desarrolla destrezas de lectura, indagación y vocabulario

En cada lección aprenderás nuevas destrezas de
🔁 lectura e 🔺 indagación. Esas destrezas te
ayudarán a leer y pensar como un científico. Las
destrezas de vocabulario te permitirán comunicar
ideas de manera efectiva y descubrir el significado
de las palabras.

Energy Resources   UNTAMED SCIENCE   THE BIG QUESTION

my science
online.com

¡Conéctate!

Busca las opciones de tecnología de
MyScienceOnline.com. En MyScienceOnline.com
puedes sumergirte en un mundo virtual
sorprendente, obtener práctica adicional en inglés e
incluso participar de un *blog* sobre temas científicos
de la actualidad.

Explora los conceptos clave.

Cada lección comienza con una serie de preguntas sobre conceptos clave. Las actividades interactivas de cada lección te ayudarán a entender esos conceptos y a descubrir la Pregunta principal.

mi DiaRio DeL pLaNeTa

Al comienzo de cada lección, Mi diario del planeta te presentará sucesos increíbles, personas importantes y descubrimientos significativos de la ciencia, o te ayudará a aclarar conceptos erróneos comunes en el mundo de la ciencia.

Desertificación Si se agotan la h
un área que alguna vez fue fértil, e
transformación de un área fértil en
conoce como **desertificación**.

Una causa de la desertificación
un período en el que llueve menos
de sequía, las cosechas fracasan. Si
expuesto se vuela con facilidad. El
y ovino en las praderas y la tala de
producir desertificación.

La desertificación es un proble
es posible sembrar cultivos ni past
las personas pueden sufrir hambre
muy serio en África central. Millon
zonas rurales a las ciudades porqu

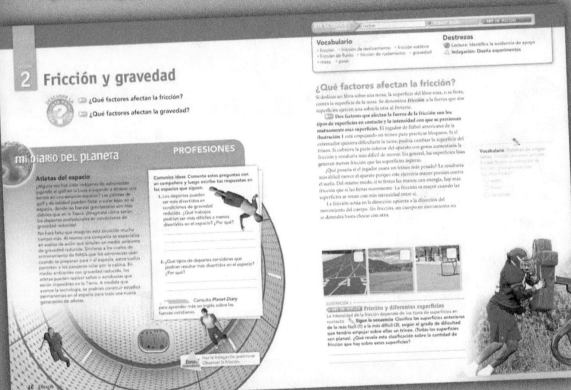

¡aplícalo!

La desertificación afecta a muchas áreas del mundo.

❶ Nombra ¿En qué continente se encuentra el desierto más grande?

❷ Interpreta mapas ¿En qué luga de los Estados Unidos hay mayor riesgo de desertificación?

❸ Infiere ¿La desertificación es un desierto? Explica tu respuesta. E apoyar tu respuesta.

❹ DESAFÍO Si un área se enfren se podrían tomar para limitar en lo

Explica lo que sabes.

Busca el símbolo del lápiz. Cuando lo veas, será momento de interactuar con tu libro y demostrar lo que has aprendido.

Desarrolla tus conocimientos con las actividades de Aplícalo. Ésta es tu oportunidad de poner en práctica lo que aprendiste y aplicar esas destrezas a situaciones nuevas.

Zona de laboratorio

Cuando veas el triángulo de la Zona de laboratorio, es hora de hacer una indagación de laboratorio interactiva. En cada lección, tendrás la oportunidad de hacer una actividad de indagación interactiva que te ayudará a reforzar la comprensión del tema principal.

Recuperación de la tierra Afortunadamente, es posible reemplazar la tierra dañada por la erosión o la minería. El proceso que consiste en restaurar un área de tierra y llevarla a un estado más productivo se denomina **recuperación de la tierra**. Además de recuperar la tierra para la agricultura, este proceso puede recuperar hábitats para la vida silvestre. Hoy en día, en todo el mundo, se están llevando adelante muchos tipos diferentes de proyectos de recuperación de la tierra. De todos modos, suele ser más difícil y más caro restaurar la tierra y el suelo dañados que proteger esos recursos desde un primer momento. En algunos casos, es probable que la tierra nunca vuelva a su estado original.

ILUSTRACIÓN 4
Recuperación de la tierra
Estas fotografías muestran un área de terreno antes y después de la explotación minera.

✎ **Comunica ideas** Debajo de las fotografías, escribe una historia sobre lo que sucedió con la tierra.

y los nutrientes del suelo de
onvierte en un desierto. La
con condiciones desérticas se

a. Por ejemplo, una **sequía** es
rmal en un lugar. En períodos
cción de las plantas, el suelo
excesivo del ganado vacuno
ara leña también pueden

En áreas desertificadas, no
anado. Como consecuencia,
esertificación es un problema
rsonas se trasladan de las
ueden vivir de la tierra.

Clave
Desierto existente
Área de alto riesgo
Área de riesgo moderado

América del Norte · Europa · Asia · Océano Atlántico · Océano Pacífico · América del Sur · África · Océano Índico · Australia · Antártida

aza sólo en áreas donde ya existe
 un círculo un área del mapa para

o de desertificación, ¿qué medidas
s efectos?

📖 **Evalúa tu comprensión**

1a. Repasa El subsuelo tiene (menos/más) materia vegetal y animal que el suelo superior.

b. Explica ¿Qué puede suceder con el suelo si se sacan las plantas?

c. Aplica conceptos
que podrían imp
recuperación d

Zona de laboratorio · Haz la Actividad rápida de laboratorio *Hacer mode...*
la conser...

¿comprendiste?

○ ¡Comprendí! Ahora sé que la administración del suelo es importan...

○ Necesito más ayuda con

Consulta MY SCIENCE 🔍 COACH en línea para obtener ayuda en inglés sobre este tema.

¿comprendiste?

Evalúa tu progreso.

Después de responder la pregunta de ¿Comprendiste?, reflexiona sobre tu progreso. ¿Comprendiste el tema o necesitas un poco de ayuda? Recuerda: puedes consultar MY SCIENCE 🔍 COACH para más información en inglés.

Explora la Pregunta principal.

En un momento del capítulo, tendrás la oportunidad de poner en práctica todo lo que aprendiste para indagar más sobre la Pregunta principal.

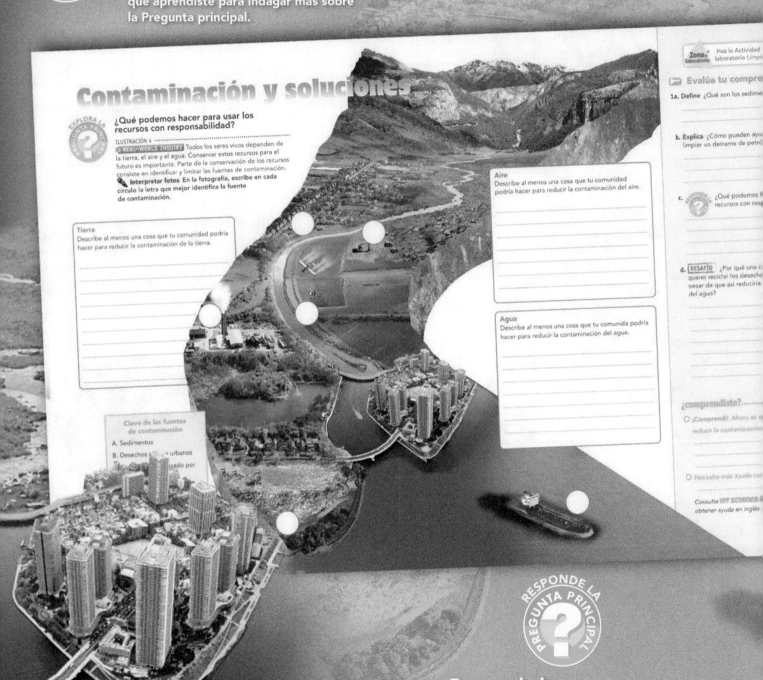

Contaminación y soluciones

¿Qué podemos hacer para usar los recursos con responsabilidad?

ILUSTRACIÓN 4
> REAL-WORLD INQUIRY Todos los seres vivos dependen de la tierra, el aire y el agua. Conservar estos recursos para el futuro es importante. Parte de la conservación de los recursos consiste en identificar y limitar las fuentes de contaminación.

Interpretar fotos En la fotografía, escribe en cada círculo la letra que mejor identifica la fuente de contaminación.

Tierra
Describe al menos una cosa que tu comunidad podría hacer para reducir la contaminación de la tierra.

Aire
Describe al menos una cosa que tu comunidad podría hacer para reducir la contaminación del aire.

Agua
Describe al menos una cosa que tu comunida podría hacer para reducir la contaminación del agua.

Clave de las fuentes de contaminación

A. Sedimentos

B. Desechos s_____ urbanos

_____ usado por

Zona Laboratorio Haz la Actividad laboratorio Limpi...

Evalúa tu compre...

1a. Define ¿Qué son los sedime...

b. Explica ¿Cómo pueden ayu... limpiar un derrame de petr...

c. ¿Qué podemos h... recursos con res...

d. DESAFÍO ¿Por qué una c... querer reciclar los desecho... pesar de que así reduciría... del agua?

¿comprendiste?

○ ¡Comprendí! Ahora sé q... reducir la contaminación...

○ Necesito más ayuda co...

Consulta MY SCIENCE... obtener ayuda en inglés...

Responde la Pregunta principal.

Es hora de demostrar lo que sabes y responder la Pregunta principal.

Repasa lo que has aprendido.

Usa la Guía de estudio del capítulo para repasar
la Pregunta principal y prepararte para el examen.

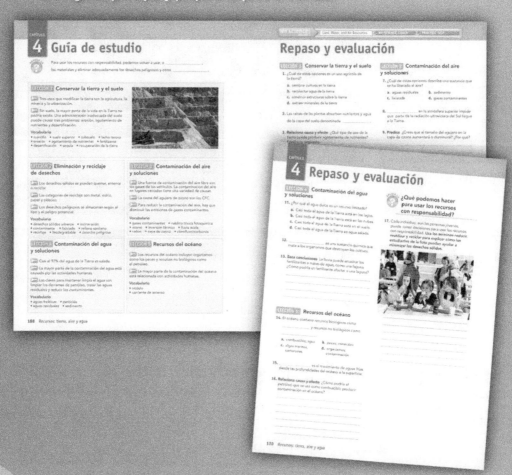

Practica para
los exámenes.

Aplica la Pregunta principal y haz un
examen de práctica en el formato
de examen estandarizado.

INTERACTÚA... CON TU LIBRO...

Visita **MyScienceOnline.com** y sumérgete en un mundo virtual sorprendente.

❯THE BIG QUESTION

Cada capítulo en línea comienza con una Pregunta principal. Tu misión es descubrir el significado de esa Pregunta principal a medida que se desarrolla cada lección de Ciencias.

❯VOCAB FLASH CARDS

Practica el vocabulario del capítulo con las tarjetas de vocabulario interactivas. Cada tarjeta tiene una imagen, definiciones en español y en inglés, y un espacio para que escribas tus notas.

❯INTERACTIVE ART

En MyScienceOnline.com, muchas de las hermosas imágenes de tu libro se vuelven interactivas para que puedas ampliar tus conocimientos.

CONÉCTATE

my science online.com ▸ Populations and Communities ▸ PLANET DIARY ▸ LAB ZONE ▸ VIRTUAL LAB

⟳ + 🌐 http://www.myscienceonline.com/

> PLANET DIARY

Consulta *My Planet Diary* en línea para hallar más información y actividades en inglés relacionadas con el tema de la lección.

Elaborate   Evaluate

Everest

Tools

Still Growing! Mount Everest in the Himalayas is the highest mountain on Earth. Climbers who reach the peak stand 8,850 meters above sea level. You might think that mountains never change. But forces inside Earth push Mount Everest at least several millimeters higher each year. Over time, Earth's forces slowly but constantly lift, stretch, bend, and break Earth's crust in dramatic ways!

Planet Diary Go to Planet Diary to learn more about forces in the Earth's crust.

Next
22 of 22
Back

Busca tu capítulo

1 Visita www.myscienceonline.com.

2 Ingresa tu nombre de usuario y contraseña.

3 Haz clic en tu programa y selecciona el capítulo.

Búsqueda de palabras clave

1 Visita www.myscienceonline.com.

2 Ingresa tu nombre de usuario y contraseña.

3 Haz clic en tu programa y selecciona *Search* (Buscar).

4 Escribe en el casillero de búsqueda la palabra clave en inglés (que aparece en tu libro).

Contenido adicional disponible en línea

> UNTAMED SCIENCE Sigue las aventuras de estos jóvenes científicos en sus sorprendentes *blogs* con videos en línea mientras viajan por el mundo en busca de respuestas a las Preguntas principales de la ciencia.

> MY SCIENCE COACH ¿Necesitas más ayuda? *My Science Coach* es tu compañero de estudio personal en línea. *My Science Coach* es una oportunidad para obtener más práctica en inglés con los conceptos clave de Ciencias. Te permite elegir varias herramientas distintas que te orientarán en cada lección de Ciencias.

> MY READING WEB ¿Necesitas más ayuda con las lecturas de un tema de Ciencias en particular? En *My Reading Web* encontrarás una variedad de selecciones en inglés adaptadas a tu nivel de lectura específico.

> VIRTUAL LAB

Obtén más práctica en estos laboratorios virtuales realistas. Manipula las variables en pantalla y pon a prueba tus hipótesis.

¿Alguna vez has resuelto un rompecabezas? Generalmente, los rompecabezas tienen un tema que sirve de guía para agrupar las piezas según lo que tienen en común. Pero el rompecabezas no queda resuelto hasta que se colocan todas las piezas. Estudiar Ciencias es como resolver un rompecabezas. Las grandes ideas de la ciencia son como temas de un rompecabezas. Para entender las grandes ideas, los científicos hacen preguntas. Las respuestas a esas preguntas son como las piezas de un rompecabezas. Cada capítulo de este libro plantea una pregunta principal para que pienses en una gran idea de la ciencia. A medida que respondas estas preguntas principales, estarás más cerca de comprender la gran idea.

✎ **Antes de leer cada capítulo, escribe qué sabes y qué más te gustaría saber sobre el tema.**

Los científicos usan sus sentidos para investigar el mundo natural. Por ejemplo, un científico podría observar a estos chimpancés para averiguar por qué están metiendo un tallo en un nido de termitas.

GRAN IDEA

Los científicos usan la indagación científica para explicar el mundo natural.

¿Qué sabes sobre cómo se estudia el mundo natural? ✎ **¿Qué más te gustaría saber?**

_____

_____

_____

Pregunta principal:

❓ ¿Cómo investigan los científicos el mundo natural? Capítulo 1

✎ **Después de leer el capítulo, escribe lo que has aprendido sobre la Gran idea.**

_____

_____

_____

_____

_____

La ciencia, la tecnología y la sociedad se afectan mutuamente.

Los bomberos usan la ciencia para apagar incendios. Por ejemplo, deben saber qué tipo de sustancias químicas pueden usar para cada tipo de incendio.

¿Qué sabes sobre la manera en que la ciencia influye en tu vida diaria? ✎ **¿Qué más te gustaría saber?**

_____

_____

Preguntas principales:

❓ ¿Cómo se afectan mutuamente la ciencia y la sociedad? Capítulo 2

❓ ¿Cómo influye la tecnología en la sociedad? Capítulo 4

✎ **Después de leer los capítulos, escribe lo que has aprendido sobre la Gran idea.**

_____

_____

_____

_____

Los científicos usan las matemáticas de muchas maneras.

Cuando no pueden obtener datos exactos, los científicos se basan en estimaciones. La estimación **es** una manera rápida de determinar cuántas aves hay en esta foto.

¿Qué destrezas matemáticas has usado para estudiar ciencias? ✎ **¿Qué destrezas matemáticas necesitas seguir practicando?**

_____

_____

Pregunta principal:

❓ ¿Cuál es la importancia de las matemáticas en el trabajo de los científicos? Capítulo 3

✎ **Después de leer el capítulo, escribe lo que has aprendido sobre la Gran idea.**

_____

_____

_____

_____

¿CÓMO HACEN LOS ASTRONAUTAS PARA ESTUDIAR LA GRAVEDAD MIENTRAS FLOTAN?

PREGUNTA PRINCIPAL

?

¿Cómo investigan los científicos el mundo natural?

La NASA estudia cómo la microgravedad, es decir, una gravedad muy baja, afecta a los seres humanos, las plantas, los cristales y los líquidos. Por ejemplo, la NASA ha descubierto que los músculos y los huesos de los astronautas se debilitan durante las misiones espaciales. Las plantas crecen en distintas direcciones, los cristales se agrandan y el agua no cae como en la Tierra, sino que cae en forma de esferas.

Infiere ¿Qué otras ideas podría estudiar la NASA en el espacio?

_____

_____

_____

_____

> UNTAMED SCIENCE   Mira el video de *Untamed Science* para aprender más sobre ciencias.

¿Qué es la ciencia?

1 Para comenzar

Verifica tu comprensión

1. Preparación Lee el párrafo siguiente y luego responde la pregunta.

Miki está en medio del **proceso** de preparación de un guiso en su campamento. Una vez cocinado el guiso, deja la olla a un costado para que se enfríe. Cuando regresa, la olla está vacía. De inmediato, Miki se **plantea** estas preguntas: ¿Quién se comió el guiso? ¿Qué animales están activos de noche? Pronto halla la **evidencia**: la tapa de la cacerola, restos de comida y un olor apestoso. El ladrón es un zorrillo.

Un **proceso** es una serie de acciones o sucesos.

Plantear significa hacer una pregunta o expresar un problema.

Los hechos, las cifras o las señales que ayudan a demostrar una afirmación son ejemplos de **evidencia.**

• ¿Cómo ayuda a Miki el proceso de plantear preguntas y buscar evidencia a la hora de resolver el misterio de la desaparición del guiso?

_____

_____

> **MY READING WEB** Si tuviste dificultades para responder la pregunta anterior, visita **My Reading Web** y escribe **What Is Science?**

Destreza de vocabulario

Identificar familias de palabras Aprende palabras de la misma familia para enriquecer tu vocabulario. En la tabla siguiente encontrarás palabras que pertenecen a la misma familia que algunas palabras de vocabulario.

Verbo	Sustantivo	Adjetivo
observar: (v.) obtener información por medio de los sentidos	observación: (s.) hecho o dato que se conoce obteniendo información a través de los sentidos	observable: (adj.) que se puede oír, ver, tocar, saborear u oler
predecir: (v.) afirmar o anunciar qué sucederá en el futuro	predicción: (s.) afirmación o aseveración de lo que sucederá en el futuro	predecible: (adj.) que se puede predecir; que se comporta como se espera

2. Verificación rápida Completa la oración con la forma correcta de la palabra.

• Es difícil _____ cuánta lluvia caerá.

observar

subjetivo

datos

Número de chirridos por minuto

Grillo	15 °C	20 °C	25 °C
1	91	135	180
2	80	124	169
3	89	130	176
4	78	125	158
5	77	121	157

experimento controlado

Vistazo al capítulo

LECCIÓN 1
- ciencia
- observar
- observación cuantitativa
- observación cualitativa
- inferir
- predecir
- clasificar
- evaluar
- hacer modelos
- ⟳ Pregunta
- △ Predice

LECCIÓN 2
- escepticismo
- ética
- prejuicio personal
- prejuicio cultural
- prejuicio experimental
- objetivo
- subjetivo
- razonamiento deductivo
- razonamiento inductivo
- ⟳ Relaciona causa y efecto
- △ Clasifica

LECCIÓN 3
- indagación científica
- hipótesis
- variable
- variable manipulada
- variable de respuesta
- experimento controlado
- datos
- teoría científica
- ley científica
- ⟳ Sigue la secuencia
- △ Controla variables

 VOCAB FLASH CARDS Para obtener más ayuda con el vocabulario, visita *Vocab Flash Cards* y escribe *What Is Science?*

3

La ciencia y el mundo natural

🔑 **¿Qué destrezas usan los científicos?**

mi Diario Del planeta

Los chimpancés salvajes de Gombe

Las palabras que siguen fueron extraídas de los escritos de Jane Goodall, una científica que estudió a los chimpancés salvajes de África durante muchos años.

"Una vez, mientras caminaba por un bosque denso durante un aguacero, de repente vi a un chimpancé encorvado frente a mí. Me detuve rápidamente. Luego oí un ruido que venía de arriba. Levanté la vista y allí también había un gran chimpancé. Al verme, el chimpancé dio un alarido fuerte y claro: ¡*graaaaa!*; un grito estremecedor que usan para amenazar a animales peligrosos. A mi derecha vi una mano grande y negra que sacudía una rama y unos ojos brillosos que miraban amenazantes a través del follaje. Luego se oyó otro grito salvaje desde atrás: ¡*graaaaa!* Estaba rodeada." Como Jane se quedó quieta, los chimpancés dejaron de sentirse amenazados y se alejaron.

Responde la pregunta.

Menciona una ventaja y una desventaja de estudiar animales salvajes en su medio ambiente natural.

_____

_____

_____

_____

_____

▶ PLANET DIARY Consulta *Planet Diary* para aprender más en inglés sobre la ciencia y el mundo natural.

Zona de laboratorio ® Haz la Indagación preliminar *¿Es realmente cierto?*

Vocabulario
- ciencia • observar • observación cuantitativa
- observación cualitativa • inferir • predecir
- clasificar • evaluar • hacer modelos

Destrezas
- Lectura: Pregunta
- Indagación: Predice

¿Qué destrezas usan los científicos?

Jane Goodall estudió para ser científica, es decir, alguien que trabaja con la ciencia. La **ciencia** es el estudio del mundo natural. La ciencia abarca el conocimiento que se obtiene al explorar el mundo natural.

Para estudiar el mundo, los científicos usan destrezas como observar, inferir, predecir, clasificar, evaluar y hacer modelos.

Observar **Observar** significa usar uno o más de tus sentidos para reunir información. También significa usar instrumentos, como el microscopio, para ayudar a los sentidos. Al observar chimpancés como el de la **ilustración 1,** Jane Goodall aprendió acerca de su alimentación. También aprendió qué sonidos hacen los chimpancés e, incluso, a qué juegan.

Las observaciones pueden ser cuantitativas o cualitativas. Una **observación cuantitativa** se centra en los números, o cantidades. Por ejemplo, ver que tienes 11 mensajes nuevos en tu correo electrónico es una observación cuantitativa. Una **observación cualitativa** se centra en las descripciones que no se pueden expresar con números. Señalar que una bicicleta es azul o que el limón tiene sabor ácido son observaciones cualitativas.

Pregunta En el organizador gráfico, haz una pregunta que comience con *Qué, Cómo* o *Por qué* basada en el texto de Observar. Mientras lees, escribe una respuesta a tu pregunta.

Pensar como un científico

Pregunta

_____

_____

_____

Respuesta

_____

_____

_____

ILUSTRACIÓN 1 ....

Observar
Un chimpancé usa una piedra como herramienta para abrir una nuez.

Observa Escribe una observación cuantitativa y una observación cualitativa acerca de este chimpancé.

_____

_____

_____

_____

_____

5

Inferir Un día, Jane observó que un chimpancé miraba dentro del hueco de un árbol. El chimpancé recogió un puñado de hojas y las masticó. Luego se sacó las hojas de la boca y las metió en el hueco. Cuando el chimpancé sacó las hojas del hueco, Jane vio un destello de agua. Luego, el chimpancé volvió a meterse las hojas mojadas en la boca. Jane razonó que había agua en el árbol. Jane hizo tres observaciones: Vio que el chimpancé recogió hojas secas, que las puso en el hueco y que después las sacó mojadas. Sin embargo, Jane no estaba observando cuando razonó que había agua dentro del árbol: estaba infiriendo. Cuando explicas o interpretas lo que observas, lo que haces es **inferir,** o hacer una inferencia. Inferir no es adivinar. Las inferencias se basan en razonamientos sobre lo que ya sabes. También pueden basarse en suposiciones hechas a partir de observaciones. Descubre qué inferencias puedes hacer acerca de los chimpancés de la **ilustración 2.**

ILUSTRACIÓN 2 ···

Inferir

¿Qué puedes inferir acerca de los chimpancés y el nido de termitas?

✎ **Completa estas actividades.**

1. **Observa** En la tabla, escribe dos observaciones acerca del chimpancé de la izquierda.

2. **Infiere** Escribe dos inferencias que se relacionen con tus observaciones.

Observación	Inferencia

Predecir Con el tiempo, Jane logró comprender mejor el comportamiento de los chimpancés. A veces podía predecir qué haría un chimpancé. **Predecir** significa afirmar o anunciar lo que va a suceder en el futuro, basándose en evidencia o experiencias previas.

Por medio de la observación, Jane descubrió que cuando un chimpancé se asustaba o se enojaba, se le paraban los pelos. A veces a esa respuesta le seguían gestos amenazantes como abalanzarse, arrojar piedras y sacudir árboles. Por lo tanto, cuando Jane veía un chimpancé con el pelo parado, podía predecir que había peligro.

Las predicciones y las inferencias están muy relacionadas. Mientras que las inferencias son intentos de explicar lo que sucede o ha sucedido, las predicciones son afirmaciones o aseveraciones acerca de lo que sucederá. Si ves un huevo roto en el piso junto a una mesa, tal vez infieras que el huevo se cayó de la mesa. Sin embargo, si ves un huevo que rueda hacia el borde de una mesa, puedes predecir que ese huevo está a punto de causar un desastre.

ILUSTRACIÓN 3 ·······························
Predecir
Las predicciones son pronósticos de lo que va a suceder.

✏ **Predice** Escribe una predicción acerca de qué podría hacer este chimpancé a continuación.

_____
_____
_____
_____

¡Usa las matemáticas!

Como cualquier otro animal, los chimpancés prefieren comer ciertos alimentos si los pueden conseguir.

Dieta del chimpancé en mayo	
Frutas	52%
Semillas	30%
Hojas	12%
Otros alimentos	6%

1 **Haz una gráfica** Usa la información de la tabla para crear una gráfica de barras.

2 Rotula el eje de las x y el eje de las y. Luego, escribe un título para la gráfica.

3 **Interpreta datos** Durante el mes de mayo, ¿qué comieron más los chimpancés: semillas u hojas?

_____
_____

4 **Infiere** ¿Qué podrían comer más los chimpancés si no hay frutas en junio?

_____
_____
_____

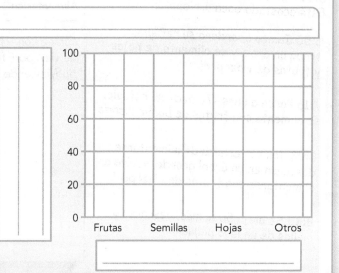

7

Clasificar ¿Qué hacían los chimpancés todo el día? Para descubrirlo, el equipo de investigación de Jane siguió a los chimpancés por el bosque. Tomaron notas de campo muy detalladas sobre los comportamientos de los chimpancés. En la **ilustración 4** se muestran algunas notas acerca de Jomeo, un chimpancé macho adulto.

Imagina que Jane hubiera querido saber cuánto tiempo pasó Jomeo alimentándose o descansando esa mañana. Podría haberlo averiguado clasificando las acciones de Jomeo. **Clasificar** significa agrupar objetos con algún tipo de semejanza. Jane podría haber agrupado toda la información acerca de los hábitos alimentarios de Jomeo o su comportamiento durante el descanso.

Evaluar Imagina que Jane hubiese descubierto que Jomeo pasó la mayor parte del tiempo descansando. ¿Qué le habría sugerido esta observación acerca del comportamiento del chimpancé? Para llegar a una conclusión, Jane habría tenido que evaluar sus observaciones. **Evaluar** implica comparar observaciones y datos para llegar a una conclusión. Por ejemplo, Jane habría tenido que comparar todos los comportamientos de Jomeo con los de otros chimpancés para llegar a una conclusión. También habría tenido que evaluar los datos obtenidos acerca del comportamiento de Jomeo y de otros chimpancés.

ILUSTRACIÓN 4 ·······························

> VIRTUAL LAB **Clasificar**

Los científicos pueden comprender mejor el comportamiento de los chimpancés clasificando la información sobre el descanso, la subida a árboles o la alimentación.

✏️ **Clasifica Usa la tabla para clasificar los detalles de las notas de campo.**

- 6:45 a.m. Jomeo descansa en su refugio. Está acostado boca arriba.

- 6:50 Jomeo abandona su refugio, trepa un árbol y se alimenta de hojas y frutas de *viazi pori*.

- 7:16 Pasea a unos 175 m de su refugio; se alimenta con frutas de *budyankende*.

- 8:08 Jomeo termina de alimentarse, descansa en un árbol grande, vuelve a alimentarse con frutas de *viazi pori*.

- 8:35 Se aleja 50 m más, descansa a orillas de un lago pequeño.

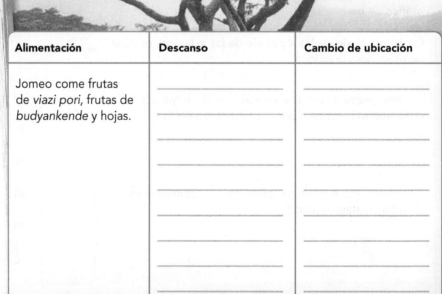

Alimentación	Descanso	Cambio de ubicación
Jomeo come frutas de *viazi pori*, frutas de *budyankende* y hojas.		

Hacer modelos ¿Qué distancia recorren los chimpancés? ¿Adónde van? A veces, el equipo de Jane seguía a un chimpancé en particular durante varios días. Para mostrar los movimientos del chimpancé, tal vez hicieron un modelo como el de la **ilustración 5.** En el modelo se muestran los movimientos y los comportamientos de Jomeo durante una jornada. **Hacer modelos** implica crear representaciones de objetos o procesos complejos. Algunos modelos se pueden tocar, como un mapa. Otros son ecuaciones matemáticas o programas de computadora. Los modelos permiten estudiar lo que no se puede observar directamente. Por medio de modelos, Jane y su equipo compartieron información que de otra manera sería difícil de explicar.

ILUSTRACIÓN 5 ···

▶ INTERACTIVE ART **Hacer modelos**

Este modelo muestra los movimientos y comportamientos de Jomeo durante todo un día.

✎ **Usa el mapa para responder las preguntas.**

1. **Interpreta mapas** ¿Qué distancia recorrió Jomeo durante ese día?

_____

_____

2. ¿Cuántas veces se detuvo para alimentarse?

_____

3. ¿Cuántas veces descansó?

_____

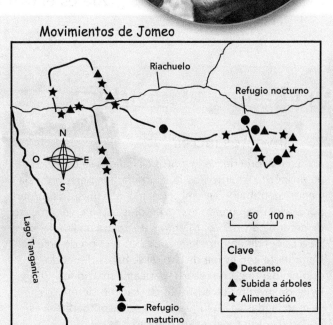

Movimientos de Jomeo

Riachuelo

Refugio nocturno

Lago Tanganica

N
O   E
S

0   50   100 m

Clave
● Descanso
▲ Subida a árboles
★ Alimentación

Refugio matutino

Zona de laboratorio ® Haz la Actividad rápida de laboratorio *Clasificar objetos.*

🔑 **Evalúa tu comprensión**

1a. **Compara y contrasta** ¿En qué se diferencian las observaciones y las inferencias?

_____

_____

_____

b. **Clasifica** ¿Crees que este enunciado es una observación o una inferencia? *El gato está enfermo.* Explica tu razonamiento.

_____

_____

_____

¿comprendiste? ···

○ **¡Comprendí!** Ahora sé que los científicos usan destrezas como las siguientes: _____

_____

○ Necesito más ayuda con _____

Consulta MY SCIENCE 🔵 COACH *en línea para obtener ayuda en inglés sobre este tema.*

2 Pensar como un científico

🔑 **¿Qué actitudes te ayudan a pensar científicamente?**

🔑 **¿Qué es el razonamiento científico?**

mi DiaRio DeL planeta

Inventos increíbles

La mayoría de los inventos científicos se crean con un propósito y surgen de la curiosidad, la perseverancia y años de trabajo. Sin embargo, algunos inventos surgen por accidente, cuando los inventores están en el proceso de crear algo distinto. Mientras se creaba un limpiador para papel de empapelar, se inventó un tipo de arcilla. Un juguete con forma de espiral se había diseñado originalmente como resorte para embarcaciones. En lugar de inventar un sustituto del caucho sintético, se creó la masilla de juguete. Las notas autoadhesivas, las papitas fritas y el velcro, los broches de apertura y cierre rápido que se usan en ropa, calzado y juguetes también son inventos que se descubrieron por accidente. Como les sucedió a los inventores de estos objetos, ¡tu curiosidad puede llevarte a crear el próximo "gran invento"!

DESCUBRIMIENTO

Comunica ideas Comenta estas preguntas con un compañero. Escribe tus respuestas en las líneas que siguen.

1. ¿Por qué crees que es importante que los científicos sean curiosos?

_____

_____

_____

2. ¿Qué te gustaría inventar? ¿Por qué?

_____

_____

_____

_____

> **PLANET DIARY** Consulta **Planet Diary** para aprender más en inglés sobre cómo pensar como un científico.

Zona de laboratorio Haz la Indagación preliminar
¿Qué tan agudos son tus sentidos?

Vocabulario

- escepticismo • ética • prejuicio personal • prejuicio cultural
- prejuicio experimental • objetivo • subjetivo
- razonamiento deductivo • razonamiento inductivo

Destrezas

- Lectura: Relaciona causa y efecto
- Indagación: Clasifica

¿Qué actitudes te ayudan a pensar científicamente?

Quizá te hayan dicho que tienes una buena actitud. ¿Qué significa eso? Una actitud es un estado mental. Tus acciones dicen mucho acerca de tu actitud. **Los científicos poseen determinadas actitudes importantes, como la curiosidad, la honestidad, la creatividad, la actitud abierta, el escepticismo, la ética y la conciencia de los prejuicios.**

Curiosidad Una actitud que motiva a los científicos es la curiosidad. Los científicos desean aprender más acerca de los temas que estudian. En la **ilustración 1** se muestran algunas cosas que pueden despertar el interés de los científicos.

Honestidad Los buenos científicos siempre dicen la verdad cuando informan acerca de sus observaciones y sus resultados. La honestidad es especialmente importante cuando los resultados de un científico van en contra de ideas o predicciones anteriores.

Creatividad Cualquiera que sea su área de estudio, los científicos pueden tener problemas. A veces se necesita creatividad para hallar una solución. Tener creatividad significa proponer maneras ingeniosas de resolver problemas o producir cosas nuevas.

ILUSTRACIÓN 1 ·····························
Curiosidad

La curiosidad ayuda a los científicos a aprender acerca del mundo que los rodea.

✎ **Pregunta** En los recuadros, escribe una pregunta sobre lo que despierte tu curiosidad en cada imagen.

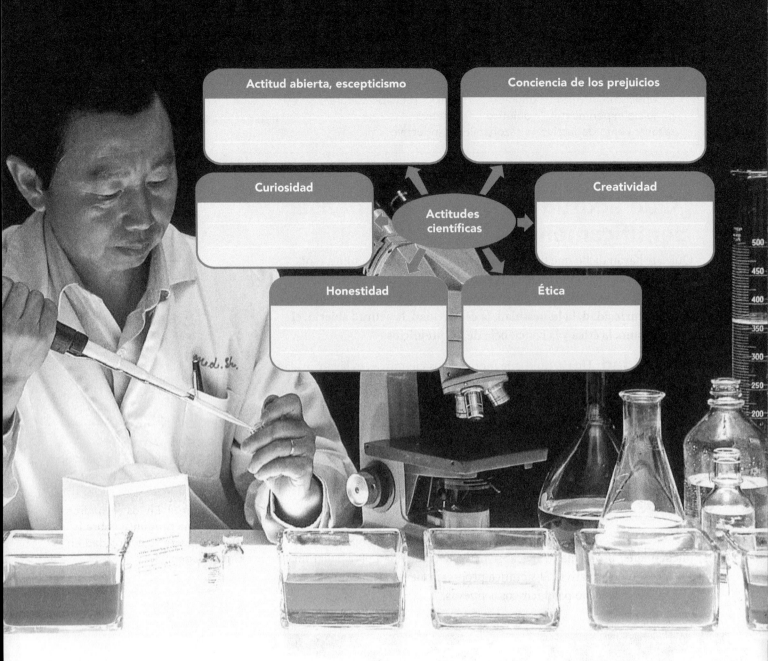

Actitud abierta, escepticismo	Conciencia de los prejuicios
Curiosidad	Creatividad

Actitudes científicas

| Honestidad | Ética |

Actitudes de los científicos

Este científico está realizando un experimento con mucho cuidado.

✎ **Resume** Cuando hayas leído la sección ¿*Qué actitudes te ayudan a pensar científicamente?*, escribe un resumen de cada actitud científica en el organizador gráfico.

Actitud abierta y escepticismo Los científicos deben tener una actitud abierta, es decir, deben ser capaces de aceptar ideas nuevas y distintas. Sin embargo, la actitud abierta siempre debe combinarse con el **escepticismo,** que es una actitud de duda. El escepticismo hace que un científico evite aceptar ideas que pueden ser falsas.

Ética Como los científicos trabajan con el mundo natural, deben tener cuidado de no dañarlo. Los científicos deben tener mucho sentido de la **ética,** es decir, las reglas que permiten a una persona reconocer qué es lo bueno y lo malo, o lo que está bien y lo que está mal. Los científicos deben tener en cuenta todos los efectos que pueden tener sus investigaciones en la vida de las personas y en el medio ambiente. Ellos toman decisiones sólo después de haber considerado los posibles riesgos y beneficios para los seres vivos o para el medio ambiente. Por ejemplo, cuando los científicos desarrollan medicamentos nuevos, realizan pruebas con esos medicamentos antes de que se vendan al público. Los científicos informan a los voluntarios acerca de los riesgos de los medicamentos nuevos antes de permitirles participar en las pruebas. Observa la **ilustración 2** para repasar las actitudes científicas.

Conciencia de los prejuicios Aquello que los científicos esperan descubrir puede influir en lo que observan y en la manera en que interpretan las observaciones. Ese tipo de influencia se conoce como prejuicio. Por ejemplo, una científica puede malinterpretar el comportamiento de un animal por lo que ya sabe acerca de los animales.

Existen varios tipos de prejuicios. El **prejuicio personal** tiene que ver con las preferencias de un individuo. Por ejemplo, si te gusta el sabor de un cereal, tal vez pienses que también tendría que gustarles a todos. El **prejuicio cultural** surge de la cultura en la cual creció una persona. Por ejemplo, una cultura que considera que las serpientes son malas tal vez pase por alto que las serpientes son buenas para controlar las plagas. El **prejuicio experimental** es un error en el diseño de un experimento que aumenta la probabilidad de un resultado. Imagina que quieres determinar el punto de ebullición del agua pura. Si en tu experimento usaras agua con algún contenido de sal, tus resultados serían tendenciosos.

Relaciona causa y efecto
Subraya un ejemplo de prejuicio en el primer párrafo. Luego, encierra en un círculo su efecto.

¡aplícalo!

A Matt le gustan las galletas de queso y piensa que a la mayoría de los estudiantes también les gustan. Entonces, un día observó qué compraban los estudiantes en la máquina expendedora durante la hora de almuerzo. Siete de ellos compraron galletas, tres compraron cacahuates y ninguno compró pasas.

1 Encierra en un círculo la evidencia de que existe prejuicio personal.

2 [DESAFÍO]   Describe el prejuicio experimental.

_____

_____

Haz la Actividad rápida de laboratorio
Pensar como un científico.

📚 Evalúa tu comprensión

1a. Explica ¿Qué cosas pueden influir en las observaciones de los científicos?

_____

_____

b. Aplica conceptos Debbie descubrió una nueva manera de hacer pizza. ¿Esto es un ejemplo de qué actitud científica?

_____

_____

¿comprendiste?

○ **¡Comprendí!** Ahora sé que las actitudes que te ayudan a pensar científicamente son _____

_____

_____

○ Necesito más ayuda con _____

Consulta MY SCIENCE ⑤ COACH *en línea para obtener ayuda en inglés sobre este tema.*

¿Qué es el razonamiento científico?

Cuando resuelves problemas con palabras, usas el razonamiento, que es una manera lógica de pensar. Los científicos también usan el razonamiento en su trabajo. 🔑 **El razonamiento científico requiere una manera lógica de pensar que se basa en reunir evidencia y evaluarla.** Existen dos tipos de razonamiento científico. El razonamiento científico puede ser deductivo o inductivo.

Como el razonamiento científico consiste en reunir evidencia y evaluarla, se trata de un razonamiento objetivo. Ser **objetivo** significa tomar una decisión o llegar a una conclusión basándose en la evidencia disponible. Por ejemplo, los científicos antes pensaban que los chimpancés sólo se alimentaban de plantas. Sin embargo, Jane Goodall observó chimpancés que comían carne. Según esa evidencia, ella llegó a la conclusión de que los chimpancés se alimentan de carne y plantas.

Por el contrario, ser **subjetivo** significa que los sentimientos personales influyen en una decisión o una conclusión. Las opiniones personales, los valores y las preferencias son subjetivos porque se basan en sentimientos personales respecto de algo. Por ejemplo, si ves un riachuelo de agua clara en el bosque, tal vez bebas un poco porque piensas que el agua clara es agua limpia. Sin embargo, no has puesto a prueba la calidad del agua objetivamente. El agua podría contener microorganismos que no se ven a simple vista y podría ser peligroso beberla.

¡aplícalo!

Clasifica Lee estas oraciones. Luego decide si en los ejemplos se usa el razonamiento objetivo o el razonamiento subjetivo para llegar a una conclusión. Escribe una marca de verificación en la columna correspondiente.

	Objetivo	Subjetivo
Jane Goodall vio un chimpancé que masticaba hojas mojadas. Su razonamiento fue que a veces los chimpancés usan hojas para beber agua.		
Me gusta correr. Seguramente soy la persona más veloz de la clase.		
Emily mide 1.20 m de altura. Nadie supera el metro de altura en la clase. Por lo tanto, Emily es la más alta de la clase.		
No me gustan los perros. Seguramente los perros son los animales poco amigables.		

Razonamiento deductivo Los científicos que estudian la Tierra piensan que la parte superior de la superficie terrestre está compuesta por muchas secciones que denominan placas. La teoría de la tectónica de placas sostiene que los terremotos suelen ocurrir en los lugares donde las placas chocan. En California hay muchos terremotos. Por lo tanto, California debe estar ubicada en un lugar donde las placas chocan. Esto es un ejemplo de razonamiento deductivo. El **razonamiento deductivo** es una manera de explicar las cosas en la que se aplica una idea general a una observación específica.

El razonamiento deductivo puede considerarse un proceso. Primero enuncias la idea general. Luego relacionas la idea general con el caso específico que estás investigando. Luego llegas a una conclusión. Puedes aplicar este proceso en la **ilustración 3.** A continuación, se muestra el proceso del ejemplo de la tectónica de placas.

- Los terremotos suelen ocurrir en los lugares donde las placas chocan.
- En California hay muchos terremotos.
- California debe estar cerca de un lugar donde las placas chocan.

¿sabías que...?

¿Sabías que los detectives usan el razonamiento deductivo? Sherlock Holmes, un detective de ficción de las novelas y los cuentos de Sir Arthur Conan Doyle, resolvía muchos misterios usando el razonamiento deductivo.

ILUSTRACIÓN 3
Razonamiento deductivo
El razonamiento deductivo se da cuando se aplica una idea general a un ejemplo específico y se llega a una conclusión.

✏ **Aplica conceptos** Aplica cada idea general a un ejemplo específico y luego saca una conclusión.

La cena siempre se sirve a las 6 p.m.

Las clases terminan cuando suena el timbre.

Los triángulos tienen tres lados.

Razonamiento inductivo Los científicos también usan el razonamiento inductivo, que se puede considerar lo contrario del razonamiento deductivo. El **razonamiento inductivo** consiste en usar observaciones específicas para hacer generalizaciones. Por ejemplo, imagina que observas que las hormigas cortadoras parecen seguir a otras hormigas por senderos específicos, tal como se muestra en la **ilustración 4**. Las hormigas siguen los senderos que llegan a fuentes de alimento, agua y materiales para sus hormigueros. Luego regresan a sus hormigueros. Estas observaciones acerca de las hormigas cortadoras son específicas. A partir de estas observaciones específicas, llegas a la conclusión de que estas hormigas deben tener una forma de comunicación para poder seguir siempre el mismo sendero. Esta conclusión es una generalización acerca del comportamiento de las hormigas cortadoras basada en tus observaciones. Los científicos suelen usar el razonamiento inductivo. Reúnen datos y luego llegan a una conclusión basándose en esos datos.

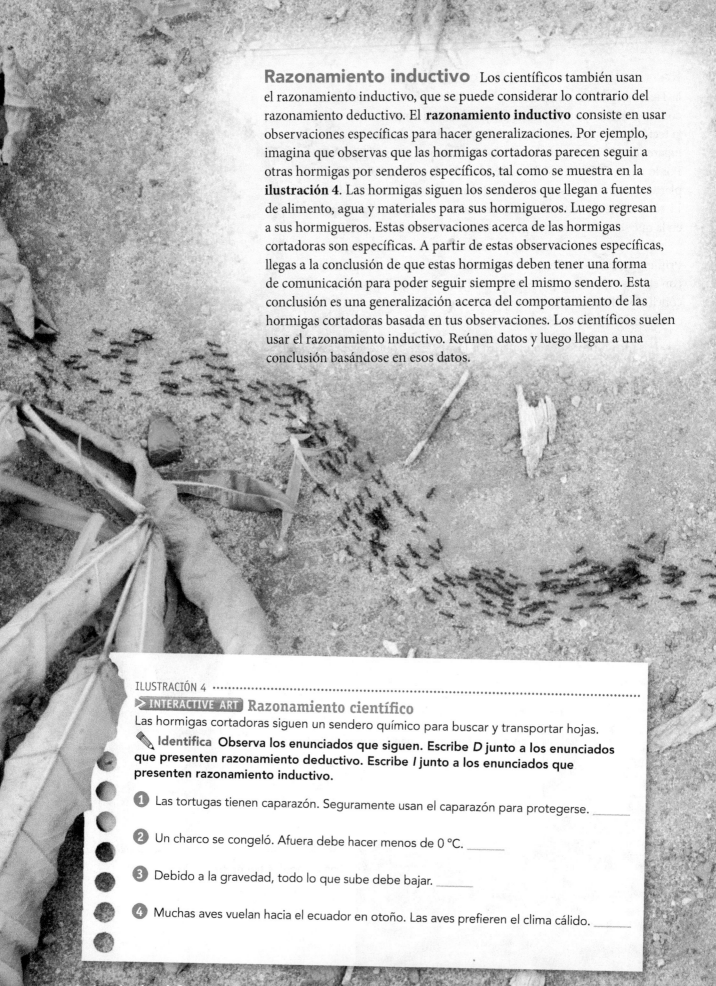

ILUSTRACIÓN 4 ••

> INTERACTIVE ART Razonamiento científico

Las hormigas cortadoras siguen un sendero químico para buscar y transportar hojas.

✎ Identifica Observa los enunciados que siguen. Escribe *D* junto a los enunciados que presenten razonamiento deductivo. Escribe *I* junto a los enunciados que presenten razonamiento inductivo.

1 Las tortugas tienen caparazón. Seguramente usan el caparazón para protegerse. _____

2 Un charco se congeló. Afuera debe hacer menos de 0 °C. _____

3 Debido a la gravedad, todo lo que sube debe bajar. _____

4 Muchas aves vuelan hacia el ecuador en otoño. Las aves prefieren el clima cálido. _____

Razonamiento erróneo Los científicos deben evitar usar razonamientos erróneos porque pueden llegar a conclusiones erróneas. Si te basas en muy pocos datos para sacar una conclusión, tu razonamiento puede llevarte a una idea general errónea. Por ejemplo, para llegar a la conclusión exacta de que todas las hormigas se comunican entre sí, deberías observar a las hormigas cortadoras y a muchos otros tipos de hormigas muchas veces. Además, no puedes sacar una conclusión acerca de cómo se comunican las hormigas cortadoras basándote en observaciones de cómo siguen los senderos. Por ejemplo, no podrías afirmar que siguen las huellitas de las hormigas que van delante de ellas. Una conclusión como ésa no se basaría en la observación sino que estarías adivinando.

¡aplícalo!

Joy dibujó ejes de simetría en un cuadrado. Como vio que un rectángulo tiene cuatro lados rectos y cuatro ángulos rectos, dibujó los mismos ejes de simetría en un rectángulo.

1 Haz modelos Dobla una hoja de papel rectangular según los ejes de simetría que Joy dibujó en el rectángulo. ¿Son correctos sus ejes de simetría? Explica cómo lo sabes.

_____

_____

2 Identifica razonamientos erróneos Subraya el razonamiento que siguió Joy para dibujar los ejes de simetría del rectángulo. ¿Qué otra característica debería haber tenido en cuenta Joy?

_____

_____

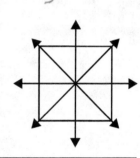

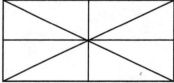

Zona de laboratorio® Haz la Actividad rápida de laboratorio *Usar el pensamiento científico.*

🔑 Evalúa tu comprensión

2a. Define El razonamiento _____ consiste en usar una idea general para hacer una observación específica.

b. Relaciona causa y efecto ¿Cuál es una de las causas del razonamiento erróneo?

_____

_____

¿comprendiste?

○ **¡Comprendí!** Ahora sé que el razonamiento científico incluye _____

_____

○ Necesito más ayuda con _____

Consulta MY SCIENCE 🖥 COACH en línea para obtener ayuda en inglés sobre este tema.

3 La indagación científica

DESCUBRE LA PREGUNTA PRINCIPAL

🔑 ¿Qué es la indagación científica?

🔑 ¿Cómo se diseña y se lleva a cabo un experimento?

🔑 ¿Qué son las teorías y las leyes científicas?

mi Diario Del planeta

La ley de caída de los cuerpos

Concepto erróneo: los cuerpos más pesados caen más rápido que los livianos. Esta conjetura no es cierta. En realidad, caen con la misma rapidez, o con la misma aceleración. Un filósofo llamado Aristóteles presentó este concepto erróneo, que se mantuvo vigente durante más de 2,000 años. Sin embargo, hacia fines del siglo XVI, Galileo Galilei descubrió algo diferente: todos los cuerpos en caída libre caen con la misma aceleración. Para demostrarlo, Galileo hizo una serie de experimentos. Los experimentos de Galileo consistían en hacer rodar bolas con masas distintas por una rampa que se denomina plano inclinado y luego hacer mediciones minuciosas.

Galileo y uno de sus experimentos sobre la aceleración

CONCEPTO ERRÓNEO

Comunica ideas **Comenta estas preguntas con un compañero. Escribe tus respuestas en las líneas que siguen.**

1. ¿Por qué Galileo llevó a cabo experimentos para ver si todos los objetos caían con la misma aceleración?

_____

_____

2. ¿Piensas que una pluma y un libro que caen desde la misma altura y al mismo tiempo llegarán al suelo al mismo tiempo? Explica tu respuesta en función del descubrimiento de Galileo.

_____

_____

_____

_____

_____

▶ PLANET DIARY Consulta *Planet Diary* para aprender más en inglés sobre la indagación científica.

Zona de laboratorio® Haz la Indagación preliminar ¿Qué sucede?

Vocabulario

- indagación científica   • hipótesis   • variable
- variable manipulada   • variable de respuesta
- experimento controlado   • dato
- teoría científica   • ley científica

Destrezas

Lectura: Sigue la secuencia

Indagación: Controla variables

¿Qué es la indagación científica?

Cri-cri, cri-cri. Es una de las noches más calurosas de verano y las ventanas de tu habitación están abiertas. La mayoría de las veces, el chirrido suave de los grillos te arrulla hasta que te quedas dormido, pero esta noche no. El ruido de los grillos es casi ensordecedor. ¿Por qué parece que todos los grillos del vecindario han decidido no dejarte dormir esta noche? El hecho de que pienses y te preguntes marca el comienzo del proceso de **indagación científica**. **El término "indagación científica" hace referencia a la diversidad de métodos con los que los científicos estudian el mundo natural y proponen explicaciones del mismo basadas en la evidencia que reúnen.** Algunos científicos realizan experimentos en laboratorios, pero otros no pueden. Por ejemplo, los geólogos usan observaciones de capas de roca para hacer inferencias acerca de los cambios que la Tierra ha experimentado con el tiempo.

Plantear preguntas La indagación científica suele comenzar con una pregunta acerca de una observación. Tu observación acerca del chirrido frecuente de los grillos puede hacer que te preguntes: ¿por qué los grillos cantan tanto esta noche? Las preguntas surgen de tus experiencias, observaciones e inferencias. La curiosidad también tiene que ver. Como tal vez otras personas ya se han preguntado lo mismo, debes investigar para hallar qué información se conoce ya sobre el tema antes de seguir con tu indagación. Observa la **ilustración 1** para plantear una pregunta científica acerca de una observación.

ILUSTRACIÓN 1 ....

Plantear preguntas

En la foto de la derecha se muestra un grillo del arbusto de Roesel de Inglaterra.

✎ **Plantea preguntas Haz una observación acerca de este grillo. Luego plantea una pregunta acerca de esta observación que puedas estudiar.**

_____

_____

_____

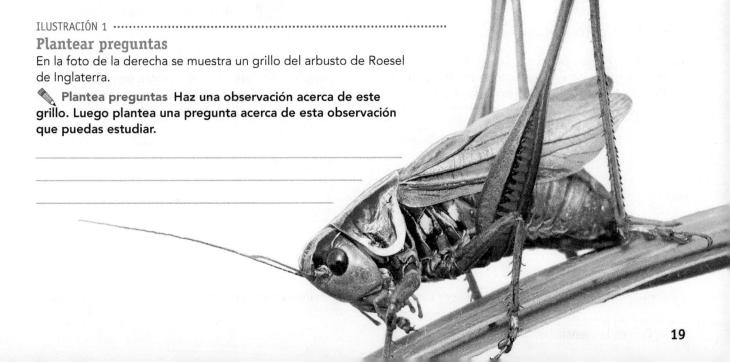

¿Por qué dejó de funcionar mi reproductor de música digital?

Desarrollar una hipótesis
¿Cómo puedes responder tu pregunta acerca del canto de los grillos? Al tratar de responder la pregunta, estás desarrollando una hipótesis. Una **hipótesis** (plural: *hipótesis*) es una respuesta posible a una pregunta científica. Tal vez sospeches que las temperaturas altas afectaron el canto de los grillos. Tu hipótesis indicaría que el canto de los grillos aumenta como resultado del aumento de la temperatura del aire. Usa la **ilustración 2** para practicar cómo desarrollar una hipótesis.

Una hipótesis no es un hecho. En ciencias, un hecho es una observación que se ha confirmado varias veces. Por ejemplo, un hecho es que el grillo frota sus patas delanteras para producir el chirrido. En cambio, una hipótesis es una respuesta posible a una pregunta. Por ejemplo, quizás parecía que los grillos cantaban más esa noche porque no había tantos otros ruidos como de costumbre.

En ciencias, una hipótesis se tiene que poder poner a prueba. Los investigadores deben ser capaces de realizar investigaciones y reunir evidencia que confirme o refute la hipótesis. Las hipótesis refutadas siguen siendo útiles porque pueden generar más investigaciones.

ILUSTRACIÓN 2 ···

Desarrollar una hipótesis
✏️ **Desarrolla hipótesis** Escribe dos hipótesis que podrían responder la pregunta de este estudiante.

Hipótesis A	Hipótesis B

 Zona de laboratorio Haz la Actividad rápida de laboratorio *La indagación científica*.

🔑 Evalúa tu comprensión

1a. Explica ¿Puedes poner a prueba la hipótesis de que los grillos cantan más cuando se esconden debajo de troncos? Explica tu respuesta.

_____

_____

_____

b. Desarrolla hipótesis ¿Qué otra hipótesis podría explicar por qué los grillos cantan con más frecuencia algunas noches?

_____

_____

_____

¿comprendiste? ···

○ **¡Comprendí!** Ahora sé que indagación científica significa _____

○ Necesito más ayuda con _____

Consulta MY SCIENCE 🌐 COACH *en línea para obtener ayuda en inglés sobre este tema.*

¿Cómo se diseña y se lleva a cabo un experimento?

Una vez que desarrolles tu hipótesis, puedes diseñar un experimento para ponerla a prueba. 🔑 **Un experimento debe respetar principios científicos sólidos para que sus resultados sean válidos.** Ya sabes que tu experimento implica contar chirridos de grillos cuando hace calor. Sin embargo, ¿cómo sabrás cuál es la frecuencia de los chirridos cuando el clima es fresco? No puedes saberlo a menos que cuentes otros chirridos cuando está fresco y compares los resultados.

Controlar variables Para poner a prueba tu hipótesis, observarás grillos a diferentes temperaturas. Todas las demás **variables,** o factores que pueden cambiar en un experimento, deben ser iguales. Entre esas variables se encuentran el alimento y las horas de luz. Mientras estas variables se mantengan iguales, sabrás que cualquier diferencia en el canto de los grillos sólo se deberá a la temperatura.

La única variable que se cambia intencionalmente para poner a prueba una hipótesis es la **variable manipulada,** o variable independiente. En este caso, la variable manipulada es la temperatura del aire. El factor que puede cambiar como respuesta a la variable manipulada es la **variable de respuesta,** o variable dependiente. En este caso, la variable de respuesta es el número de chirridos de grillo.

¡aplícalo!

Una estudiante realiza un experimento para determinar qué se disuelve más rápido en agua: 1 g de azúcar ó 1 g de sal.

❶ Controla variables Identifica la variable manipulada y la variable de respuesta.

_____

_____

❷ Identifica ¿Qué otras dos variables hay en este experimento?

_____

_____

_____

❸ Saca conclusiones Escribe una hipótesis para este experimento.

_____

_____

_____

Agua

Agua

Sal

Azúcar

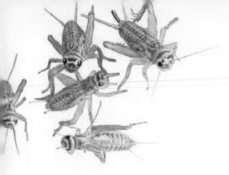

Preparar un experimento controlado

Un experimento en el cual se manipula una variable a la vez se denomina **experimento controlado.** Decides poner a prueba los grillos a tres temperaturas diferentes: 15 °C, 20 °C y 25 °C, tal como se muestra en la **ilustración 3.** Todas las demás variables se mantienen iguales. De lo contrario, tu experimento tendría más de una variable manipulada y no habría manera de distinguir qué variable influyó en los resultados.

Prejuicio experimental

En todo experimento se corre el riesgo de introducir elementos tendenciosos o prejuicios. Por ejemplo, si esperas que el chirrido de los grillos aumente a los 25 °C, podrías realizar experimentos sólo a esa temperatura. Asimismo, sin querer, podrías afectar tus resultados si sólo seleccionas para la prueba a los grillos que cantan con más frecuencia. También es importante contar con un buen tamaño de muestra, es decir, el número de grillos que se ponen a prueba. Si no tienes suficientes grillos, tus resultados podrían ser tendenciosos porque existen diferencias individuales entre un grillo y otro.

ILUSTRACIÓN 3 ···

Un experimento controlado

En este experimento, la variable manipulada es la temperatura.

✎ **Diseña experimentos** En los recuadros, escribe el número de grillos que estudiarías en este experimento controlado. En las líneas que siguen, escribe otras tres variables que deben permanecer iguales.

_____

_____

_____

Temperatura 15 °C

Grillos _____

Temperatura 20 °C

Grillos _____

Temperatura 25 °C

Grillos _____

Reunir e interpretar datos Ya casi está todo listo para empezar tu experimento. Decides someter a la prueba cinco grillos, uno por uno, a cada temperatura. También decides hacer varias pruebas con cada grillo porque un grillo podría comportarse de manera diferente de una prueba a la otra. Antes de empezar con tu experimento, decide qué observaciones harás y qué datos reunirás. Los **datos** son hechos, cifras u otra evidencia reunida por medio de observaciones cualitativas y cuantitativas. Si lo deseas, puedes hacer una tabla de datos para organizar la información. Una tabla de datos es una manera organizada de reunir y registrar tus observaciones. Decide qué diseño tendrá tu tabla. Luego puedes empezar a reunir los datos.

Una vez que hayas reunido los datos, debes interpretarlos. Una herramienta que puede ayudarte a interpretar datos es una gráfica. Las gráficas pueden revelar patrones o tendencias de los datos. A veces hay más de una interpretación para un conjunto de datos. Por ejemplo, todos los científicos coinciden en que las temperaturas globales han aumentado en los últimos 100 años. En lo que no coinciden es cuánto podrían aumentar en los próximos 100 años.

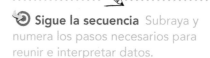

Sigue la secuencia Subraya y numera los pasos necesarios para reunir e interpretar datos.

¡Usa las matemáticas!

Una tabla de datos te ayuda a organizar la información que reúnes durante un experimento. Hacer una gráfica con los datos puede revelar patrones, si los hay.

1 Lee gráficas Identifica la variable manipulada y la variable de respuesta.

_____

_____

_____

2 Lee gráficas A medida que la temperatura aumenta de 15 °C a 25 °C, ¿qué sucede con el número de chirridos por minuto?

_____

3 Predice ¿Cuántos chirridos por minuto esperarías que haya cuando la temperatura llegue a 10 °C?

_____

_____

Número de chirridos por minuto

Grillo	15 °C	20 °C	25 °C
1	91	135	180
2	80	124	169
3	89	130	176
4	78	125	158
5	77	121	157
Promedio	83	127	168

Promedio de chirridos respecto de la temperatura

Sacar conclusiones Ahora puedes sacar conclusiones acerca de tu hipótesis. Una conclusión es un resumen de lo que has aprendido de un experimento. Para sacar tu conclusión, debes examinar tus datos de manera objetiva para saber si apoyan tu hipótesis o no. También debes considerar si reuniste suficientes datos.

Tal vez decidas que los datos apoyan tu hipótesis. Llegas a la conclusión de que la frecuencia del canto de los grillos aumenta con la temperatura. Ahora, repite tu experimento para ver si obtienes los mismos resultados. Una conclusión no es confiable si proviene de un experimento cuyos resultados no se pueden repetir. Se deben realizar muchas pruebas antes de que una hipótesis se pueda considerar verdadera.

Los datos no siempre apoyarán tu hipótesis. Cuando eso suceda, verifica si en tu experimento hubo cosas que salieron mal o si se puede mejorar algo. Luego soluciona el problema y repite el experimento. Si el experimento se hizo correctamente la primera vez, probablemente tu hipótesis no sea correcta. Plantea una nueva hipótesis que puedas poner a prueba. Por lo general, la indagación científica no termina cuando se finaliza un experimento: con frecuencia, un experimento lleva a otro.

Número de chirridos por minuto			
Grillo	15 °C	20 °C	25 °C
1	98	100	120
2	92	95	105
3	101	93	99
4	102	85	97
5	91	89	98
Promedio	96	92	103

ILUSTRACIÓN 4 ···

> VIRTUAL LAB Sacar conclusiones

A veces puede haber datos muy diferentes en el mismo experimento.

🖉 **Responde estas preguntas.**

1. **Interpreta tablas** Observa los datos de la tabla. ¿Los datos apoyan la hipótesis de que los grillos cantan más cuando hace más calor? Explica tu respuesta.

   _____

   _____

2. **Analiza fuentes de errores** Si los datos de esta tabla fuesen tuyos, ¿qué podrías hacer a continuación? Explica tu respuesta.

   _____

   _____

   _____

3. **DESAFÍO** ¿Puedes sacar una conclusión a partir de estos datos? ¿Por qué?

   _____

   _____

   _____

Comunicar ideas

Comunicar significa compartir ideas y resultados con los demás en forma escrita u oral. Los científicos se comunican dando charlas en encuentros científicos, intercambiando información en Internet o publicando artículos en publicaciones científicas especializadas.

Cuando los científicos comparten los resultados de sus investigaciones, describen sus procedimientos para que otras personas puedan repetir los experimentos. Es importante que los científicos esperen hasta que un experimento se haya repetido varias veces antes de aceptar un resultado. Por lo tanto, los científicos deben llevar registros precisos de sus métodos y resultados. Así, los científicos sabrán que los resultados son exactos. Antes de que se publiquen los resultados, otros científicos revisan el experimento en busca de fuentes de error, como prejuicios, interpretación de datos y conclusiones erróneas.

A veces, una indagación científica puede formar parte de un proyecto enorme en el cual trabajan juntos muchos científicos de distintos lugares del mundo. Por ejemplo, en el Proyecto del Genoma Humano, participaron científicos de 18 países. La meta de los científicos fue crear un mapa de la información de las células que hacen que seamos como somos. En un proyecto tan grande, los científicos deben compartir sus ideas y resultados con regularidad. Ahora es tu turno: aporta ideas para comunicar los resultados de tu experimento con grillos en la **ilustración 5.**

Vocabulario **Identificar familias de palabras** *Comunicación* es el sustantivo del verbo *comunicar.* Escribe una oración con el sustantivo *comunicación.*

_____

_____

_____

_____

Logotipo del Proyecto del Genoma Humano

ILUSTRACIÓN 5 ••••••••••••••••••••••••••

Comunicar resultados

Como el Proyecto del Genoma Humano abarcaba muchas áreas de la ciencia, la comunicación era importante.

Comunica ideas Reúnete en grupo con otros compañeros. Escriban tres maneras de compartir los resultados del experimento con grillos con los demás estudiantes.

En los zapatos de un científico

¿Cómo investigan los científicos el mundo natural?

Diseñar un experimento

PREGUNTA _____

ACTITUDES CIENTÍFICAS NECESARIAS _____

HIPÓTESIS _____

VARIABLES

Variables manipuladas

Variables de respuesta

Factores que hay que considerar _____

RECOLECCIÓN DE DATOS

Número de pruebas

Unidades de medida _____

DESTREZAS CIENTÍFICAS UTILIZADAS

PRÓXIMOS PASOS _____

ILUSTRACIÓN 6 ....
 INTERACTIVE ART Cuando piensas como un científico, desarrollas hipótesis y diseñas experimentos para ponerlos a prueba.

✏️ **Diseña experimentos** Piensa como un científico para saber qué cae más rápido: una hoja de papel sin doblar, una hoja de papel doblada dos veces o un bollo de papel.

 Zona de laboratorio Haz la Investigación de laboratorio *Mantener frescas las flores.*

🔑 Evalúa tu comprensión

2a. Nombra Nombra dos maneras en que los científicos comunican sus resultados.

_____
_____
_____
_____

b. **RESPONDE LA PREGUNTA PRINCIPAL** ¿Cómo investigan los científicos el mundo natural?

_____
_____
_____

¿comprendiste? ....

○ **¡Comprendí!** Ahora sé que el diseño de un experimento debe _____
_____

○ Necesito más ayuda con _____

Consulta **MY SCIENCE COACH** *en línea para obtener ayuda en inglés sobre este tema.*

¿Qué son las teorías y las leyes científicas?

A veces, una gran cantidad de observaciones relacionadas se pueden conectar por medio de una sola explicación. Esa explicación puede conducir al desarrollo de una teoría científica. En la vida cotidiana, una teoría puede basarse en algo que adivinas, es decir, una afirmación sin sustento. Sin embargo, las teorías que hacemos en la vida cotidiana no son teorías científicas. Una **teoría científica** es una explicación comprobada de una gran variedad de observaciones o resultados de experimentos. Por ejemplo, según la teoría atómica, todas las sustancias están compuestas por partículas llamadas átomos. La teoría atómica permite explicar muchas observaciones; por ejemplo, por qué se oxidan los clavos de hierro. Los científicos aceptan una teoría sólo cuando ésta sirve para explicar las observaciones importantes. Si la teoría no sirve para explicar observaciones nuevas, entonces esa teoría se modifica o se descarta. Así es como constantemente se desarrollan, se revisan o se descartan teorías a medida que se reúne más información.

Una **ley científica** es un enunciado que describe lo que los científicos esperan que suceda cada vez que se da una serie de condiciones determinadas. 🔑 **A diferencia de una teoría, una ley científica describe un patrón que se observa en la naturaleza sin tratar de explicarlo.** Por ejemplo, la ley de la gravedad establece que todos los cuerpos del universo se atraen entre sí. Observa la **ilustración 7.**

ILUSTRACIÓN 7 ···
Una ley científica
Según la ley de la gravedad, la paracaidista finalmente aterrizará en el suelo.

✏️ **Aplica conceptos** Da otro ejemplo de ley científica.

_____

_____

_____

Zona de laboratorio   Haz la Actividad rápida de laboratorio *Teorías y leyes.*

🔑 **Evalúa tu comprensión**

¿comprendiste? ···

○ **¡Comprendí!** Ahora sé que la diferencia entre una teoría científica y una ley es que _____

○ Necesito más ayuda con _____

Consulta my science *COACH en línea para obtener ayuda en inglés sobre este tema.*

Para pensar como un científico, debes usar _____, _____
y _____ para observar el mundo.

LECCIÓN 1 **La ciencia y el mundo natural**

🗝 Para estudiar el mundo, los científicos usan destrezas como observar, inferir, predecir, clasificar, evaluar y hacer modelos.

Vocabulario
- ciencia • observar
- observación cuantitativa
- observación cualitativa • inferir
- predecir • clasificar • evaluar
- hacer modelos

LECCIÓN 2 **Pensar como un científico**

🗝 Los científicos poseen determinadas actitudes importantes, como la curiosidad, la honestidad, la creatividad, la actitud abierta, el escepticismo, la ética y la conciencia de los prejuicios.

🗝 El razonamiento científico requiere una manera lógica de pensar que se basa en reunir evidencia y evaluarla.

Vocabulario
- escepticismo • ética • prejuicio personal • prejuicio cultural
- prejuicio experimental • objetivo • subjetivo
- razonamiento deductivo • razonamiento inductivo

LECCIÓN 3 **La indagación científica**

🗝 El término "indagación científica" hace referencia a la diversidad de métodos con los que los científicos estudian el mundo natural y proponen explicaciones del mismo basadas en la evidencia que reúnen.

🗝 Un experimento debe respetar principios científicos sólidos para que sus resultados sean válidos.

🗝 A diferencia de una teoría, una ley científica describe un patrón que se observa en la naturaleza sin tratar de explicarlo.

Vocabulario
- indagación científica • hipótesis • variable • variable manipulada • variable de respuesta
- experimento controlado • dato • teoría científica • ley científica

Repaso y evaluación

LECCIÓN 1 La ciencia y el mundo natural

1. Cuando explicas o interpretas una observación, lo que haces es

  a. hacer modelos.   **b.** clasificar.

  c. inferir.   **d.** predecir.

2. Cuando los científicos agrupan observaciones con algún tipo de semejanza, lo que hacen es _____.

3. Predice ¿Cómo usan los científicos las observaciones para hacer predicciones?

_____

_____

_____

4. Infiere Imagina que llegas a casa y ves esto. ¿Qué infieres que ha sucedido?

_____

_____

_____

5. Observa ¿Qué observación cuantitativa podrías hacer en la cafetería de tu escuela?

_____

_____

_____

LECCIÓN 2 Pensar como un científico

6. La actitud científica de duda se denomina

  a. actitud abierta.   **b.** curiosidad.

  c. honestidad.   **d.** escepticismo.

7. Cuando una persona permite que sus opiniones, valores o preferencias personales afecten una conclusión, usa el razonamiento _____.

8. Compara y contrasta Describe los tres tipos de prejuicio que pueden influir en un experimento de ciencias.

_____

_____

_____

_____

_____

_____

9. Saca conclusiones ¿Por qué es importante informar los resultados de un experimento con honestidad aunque los resultados sean lo contrario de lo que esperabas?

_____

_____

_____

_____

10.  **Escríbelo** Un equipo de científicos está desarrollando un nuevo medicamento para mejorar la memoria. Escribe cómo ayudan las actitudes de curiosidad, honestidad, creatividad y actitud abierta a los científicos en su trabajo. ¿Cuándo deberían pensar en la ética? ¿Qué influencia podrían tener los prejuicios en sus resultados?

La indagación científica

11. Los hechos, las cifras y otros tipos de evidencia reunidos por medio de observaciones se denominan

   a. conclusiones.

   b. datos.

   c. predicciones.

   d. hipótesis.

12. La única variable que se cambia para poner a prueba una hipótesis es

   a. la variable de respuesta.

   b. la otra variable.

   c. la variable manipulada.

   d. la variable dependiente.

13. _____ es una explicación comprobada de una gran variedad de observaciones.

14. Comunica ideas ¿Cómo se comunican los científicos entre sí?

_____

_____

_____

_____

_____

_____

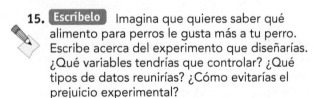

15. Escríbelo Imagina que quieres saber qué alimento para perros le gusta más a tu perro. Escribe acerca del experimento que diseñarías. ¿Qué variables tendrías que controlar? ¿Qué tipos de datos reunirías? ¿Cómo evitarías el prejuicio experimental?

 ¿Cómo investigan los científicos el mundo natural?

16. La escuela intermedia central está teniendo problemas de asistencia en invierno. Muchos estudiantes se enferman y faltan a la escuela. La directora quiere solucionar el problema pero no sabe bien qué hacer. Una idea es instalar desinfectantes para manos en los salones de clases.

Piensa en este problema desde el punto de vista científico. ¿Qué hipótesis se puede plantear en esta situación? ¿Qué experimento podrías diseñar para ponerla a prueba? Menciona por lo menos tres actitudes o destrezas que serán importantes para hallar la respuesta.

_____

_____

_____

_____

_____

_____

_____

_____

_____

_____

_____

_____

_____

Preparación para exámenes estandarizados

Selección múltiple

Encierra en un círculo la letra de la mejor respuesta.

1. Sofía observó que muchas aves buscan entre las semillas de su comedero hasta hallar una semilla de girasol. ¿Qué inferencia podría hacer a partir de esa observación?

   A   Los objetos blancos atraen a las aves.

   B   Las semillas de girasol son crujientes.

   C   A las aves no les gustan las semillas.

   D   Las aves prefieren las semillas de girasol.

2. ¿Cuál de estas actitudes poseen los buenos científicos?

   A   curiosidad acerca del mundo

   B   certeza de que una hipótesis es correcta

   C   ambición de ser famoso y respetado

   D   un gran sentido del prejuicio cultural

3. Marie observó a las personas que estaban en una tienda. ¿Qué observación cualitativa pudo haber hecho?

   A   Veinte personas entraron en la tienda.

   B   La tienda vende ropa.

   C   Era la 1:00 p.m.

   D   todas las opciones anteriores

4. ¿Cuál de estos enunciados describe mejor una teoría científica?

   A   Es una explicación comprobada de una gran variedad de resultados de experimentos.

   B   Es una conjetura fundamentada basada en la experiencia.

   C   Es una afirmación que describe qué esperan los científicos que suceda.

   D   Es una hipótesis confirmada por un experimento.

5. Para reunir datos acerca de la cantidad de lluvia caída, Clara medía los niveles de agua en un balde que había puesto en su jardín. En eso, vio que su perro bebía agua del balde. Eso es un ejemplo de

   A   prejuicio cultural.

   B   prejuicio personal.

   C   prejuicio experimental.

   D   recolección de datos.

Respuesta elaborada

Usa la gráfica que sigue y tus conocimientos de ciencias para responder la pregunta 6. Escribe tu respuesta en una hoja aparte.

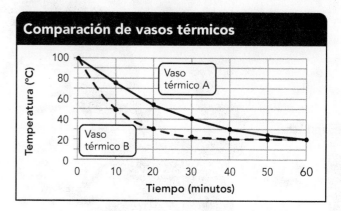

6. En esta gráfica se compara qué tan bien conservan el calor dos marcas de vasos térmicos. Describe las variables del experimento. ¿Qué conclusión puedes sacar a partir de la gráfica?

La ciencia y la historia

Cuando pensamos que sabemos pero nos equivocamos

La ciencia es una manera de pensar y de aprender acerca del mundo. No es rígida ni estática; de hecho, los científicos aprenden cosas nuevas todo el tiempo. ¡Y a veces cometen errores! Eso es lo que les pasó a René Blondlot y sus colegas en la Universidad de Nancy, Francia, en 1903.

Se acababan de descubrir los rayos X. En todas partes, los científicos, incluido Blondlot, experimentaban con los rayos. Blondlot observó unas luces extrañas en una serie de fotografías que se tomaron en un experimento. Estaba convencido de haber descubierto una nueva forma de radiación. Nombró a su descubrimiento los rayos N, en honor a la Universidad de Nancy, donde trabajaba. Muchos otros científicos repitieron ese experimento con la esperanza de ver las luces. Algunos estaban convencidos de haberlas visto realmente, pero había un problema muy grande: ¡los rayos N no existen! Los científicos que eran escépticos no vieron las luces y no obtuvieron los mismos resultados cuando repitieron el experimento. Enseguida se descubrió que, cuando buscaban los rayos N, Blondlot y sus colegas simplemente veían lo que esperaban y deseaban ver.

Éste es un claro ejemplo de cómo las expectativas pueden afectar las observaciones. Algunos científicos cometieron un grave error al no hacer lo necesario para evitar los prejuicios.

Investígalo Investiga acerca de Robert W. Wood, el científico que refutó la existencia de los rayos N. Escribe un párrafo en el que resumas cómo llegó a esa conclusión. ¿Qué preguntas se hizo?

◄ René Blondlot fue un científico famoso que permitió que su ambición prevaleciera sobre su capacidad de observación.

LISTO PARA UN PRIMER PLANO

Ya sea que quieran filmar el comportamiento de animales en estado salvaje o documentar nuevas tecnologías médicas, los productores de películas de ciencias nunca saben qué les espera. En una filmación, un director pasó 16 semanas sentado y oculto bajo la piel de un animal durante 14 horas por día con el solo fin de filmar el comportamiento de las aves. Para registrar el ataque de un león, otro equipo de filmación se puso en peligro al ubicarse a unos pocos metros de unos leones hambrientos en medio de la noche.

Pero hacer una buena película de ciencias es algo más que lograr la toma perfecta. Los equipos que trabajan en ecosistemas frágiles como el Ártico o en desiertos evitan destruir los hábitats. Eso significa que viajan con poco peso; a veces solamente llevan una cámara portátil.

Los escritores y los productores también tratan de evitar caer en prejuicios. Si existe más de una teoría acerca de un tema, llaman a expertos que puedan explicar cada teoría y presentan la mayor cantidad posible de hechos. Los realizadores de una película acerca del mamut de Jarkov consultaron a sus asesores científicos para asegurarse de que no se sacrificaran los hechos científicos para lograr una buena historia.

¡La paciencia, el espíritu aventurero y el conocimiento científico son algunas de las cualidades que necesita un gran cineasta de las ciencias!

Investígalo Investiga una especie animal. Escribe una propuesta para un documental acerca de ese animal. Incluye una lista de cuatro o cinco preguntas que esperas poder responder con tu película.

¿POR QUÉ CAMBIARON LAS COMPUTADORAS?

¿Cómo se afectan mutuamente la ciencia y la sociedad?

PREGUNTA PRINCIPAL

La tecnología ha cambiado. Una computadora, que en la década de 1950 ocupaba una habitación entera, ahora se puede sostener con las manos. El teléfono, que debía estar conectado a un cable para funcionar, ahora no sólo es portátil sino que también reproduce música, toma fotografías y se conecta a Internet. La televisión ahora es digital y tiene alta definición, y los televisores son más grandes.

Infiere ¿Por qué crees que la tecnología, como las computadoras, los teléfonos y la televisión, cambiaron con el tiempo?

_____

_____

_____

_____

_____

> UNTAMED SCIENCE Mira el video de *Untamed Science* para aprender más sobre cómo interactúan la ciencia y la sociedad.

La ciencia, la sociedad y tú

2 Para comenzar

Verifica tu comprensión

1. Preparación Lee el párrafo siguiente y luego responde la pregunta.

¿La familia de Nina debería comprar un automóvil híbrido o uno convencional? Los automóviles convencionales funcionan con gasolina, un recurso limitado. Los automóviles híbridos combinan la gasolina con la electricidad. Para ayudar a su familia a tomar una decisión, Nina consulta una investigación sobre automóviles híbridos y evalúa la fiabilidad de los datos de los sitios de Internet.

> Un **recurso** es un material o un ser vivo que las personas pueden usar.
>
> Una **investigación** es el estudio detallado de un tema para descubrir hechos nuevos o poner a prueba ideas nuevas.
>
> La **fiabilidad** es la medida para considerar que ciertos datos son exactos o correctos.

- ¿Por qué es importante para Nina investigar sobre automóviles híbridos y evaluar la fiabilidad de los datos de los sitios de Internet?

_____

_____

_____

> **MY READING WEB** Si tuviste dificultades para responder la pregunta anterior, visita *My Reading Web* y escribe *Science, Society, and You.*

Destreza de vocabulario

Usar el contexto para determinar el significado Los textos de ciencias suelen incluir palabras desconocidas. Busca pistas de contexto en las palabras y las frases cercanas para descubrir el significado de una palabra nueva. En el párrafo siguiente, busca pistas para descubrir el significado de *controvertido.*

A veces, el trabajo de un científico se opone a las creencias de la sociedad. Como consecuencia, el trabajo es *controvertido.* Una controversia es un desacuerdo público entre grupos con diferentes opiniones. Por ejemplo, el modelo de Galileo, en el cual la Tierra giraba alrededor del Sol, fue *controvertido* porque se oponía a las creencias de la sociedad del siglo XVII.

Introducción al vocabulario	el trabajo de un científico se opone a las creencias de la sociedad
Palabra	*(adj.)* controvertido
Definición	que es objeto de discusión y da lugar a controversia
Ejemplo	el modelo de Galileo, en el cual la Tierra gira alrededor del Sol

2. Verificación rápida En el párrafo anterior, encierra en un círculo la frase que te ayuda a comprender el significado de la palabra *controvertido.*

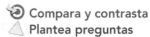

beneficio

opinión

ciencias de la vida

ciencias de la Tierra
y el espacio

Vistazo al capítulo

LECCIÓN 1
- costo
- beneficio
- Compara y contrasta
- Plantea preguntas

LECCIÓN 2
- conocimiento científico
- evidencia
- opinión
- Resume
- Interpreta datos

LECCIÓN 3
- controversia
- Sigue la secuencia
- Predice

LECCIÓN 4
- ciencias de la vida
- ciencias de la Tierra y el espacio
- ciencias físicas
- Identifica la idea principal
- Comunica ideas

 **VOCAB FLASH CARDS** Para obtener más ayuda con el vocabulario, visita *Vocab Flash Cards* y escribe *Science, Society, and You.*

¿Por qué estudiar las ciencias?

DESCUBRE LA PREGUNTA PRINCIPAL

🔑 ¿Por qué es importante la ciencia?

mi DiaRio DeL planeta

Hogares reciclados

¿Alguna vez te has preguntado qué sucede con los materiales que reciclan las personas? En 1990, un constructor decidió usar algunos de esos materiales para construir su casa en Montana. La casa se terminó en 1992, y se construyó casi toda con materiales reciclados. Algunos de esos materiales son armazones de lámparas fluorescentes, vidrios de parabrisas de automóviles, virutas de madera que normalmente se tiran, aserrín y envases plásticos de leche. El constructor diseñó la casa para que se pareciera a otras casas. Quería demostrar que es posible construir casas con materiales reciclados sin cambiar el estilo al que todos están acostumbrados. Muchas de las casas que se construyen en la actualidad quizá tienen materiales reciclados.

DATOS CURIOSOS

Comunica ideas *Comenta la pregunta siguiente con un compañero. Luego, escribe tu respuesta en el espacio que sigue.*

¿Qué otros productos o estructuras crees que pueden hacerse con materiales reciclados?

_____

_____

_____

> PLANET DIARY Consulta *Planet Diary* para aprender más en inglés sobre la ciencia.

Zona de laboratorio® Haz la Indagación preliminar *¿Cuántas cosas relacionadas con la ciencia ves o escuchas?*

Vocabulario
- costo
- beneficio

Destrezas
- Lectura: Compara y contrasta
- Indagación: Plantea preguntas

¿Por qué es importante la ciencia?

¿Cuál es el lugar más seguro durante una tormenta eléctrica? Si te mojas en un día de lluvia, ¿puedes resfriarte? Las respuestas a este tipo de preguntas se basan en la ciencia. **Comprender los principios científicos y pensar científicamente puede ayudarte a resolver problemas y a responder preguntas durante toda tu vida.**

Cómo convertirse en un consumidor informado

Si alguna vez has comprado algo en una tienda, eres un consumidor. Para convertirte en un consumidor informado, debes saber si los productos que compras son seguros. Por ejemplo, tal vez quieras saber por qué algunos alimentos se retiran de las tiendas de comestibles y no se venden. La ciencia puede ayudarte a comprender por qué se retiran y a protegerte en el futuro.

Como consumidor, tal vez también quieras saber cómo funcionan las cosas. Estudiar ciencias puede ayudarte a comprender cómo funcionan los productos, como los cascos y las bicicletas de la **ilustración 1.** Comprender cómo funcionan las cosas te ayudará a elegir mejor los productos que compras y usas.

¿sabías
que...?

¿Sabías que los organismos del gobierno pueden ayudarte a ser un consumidor informado? La Administración de Alimentos y Medicamentos y la Comisión Federal de Comercio trabajan para que tengas toda la información sobre los alimentos y otros productos antes de comprarlos.

ILUSTRACIÓN 1

La ciencia en la vida cotidiana

Aprender ciencias puede hacer que las actividades como andar en bicicleta sean más seguras y divertidas.

Plantea preguntas Escribe en la tabla dos preguntas para investigar cómo andar en bicicleta de manera segura. Luego, haz lo mismo para investigar cómo funciona una bicicleta.

Andar en bicicleta de manera segura	
Cómo funciona una bicicleta	

Compara y contrasta ¿En qué se parecen el costo y el beneficio? ¿En qué se diferencian?

____

____

____

____

____

____

Cómo convertirse en un ciudadano informado

¿Debería limitarse el uso del agua? ¿Los astronautas deberían explorar el espacio? Las personas deben informarse para tomar decisiones sobre estos temas. Para tomar una decisión informada, debes conocer los costos y los beneficios de realizar una acción. Un **costo** es un resultado negativo de una acción o de la falta de acción. Un **beneficio** es una consecuencia positiva de una acción o de la falta de acción. El conocimiento de la ciencia te ayuda a identificar y a analizar costos y beneficios para tomar decisiones informadas sobre una cuestión. Intenta identificar los costos y los beneficios de los productos de la **ilustración 2.**

ILUSTRACIÓN 2

Costos y beneficios de un producto

Al evaluar los costos y los beneficios de un producto, las diferentes personas pueden tomar decisiones distintas.

Analiza costos y beneficios **Escribe un costo o un beneficio de tener cada uno de los productos que puedes ver más abajo.**

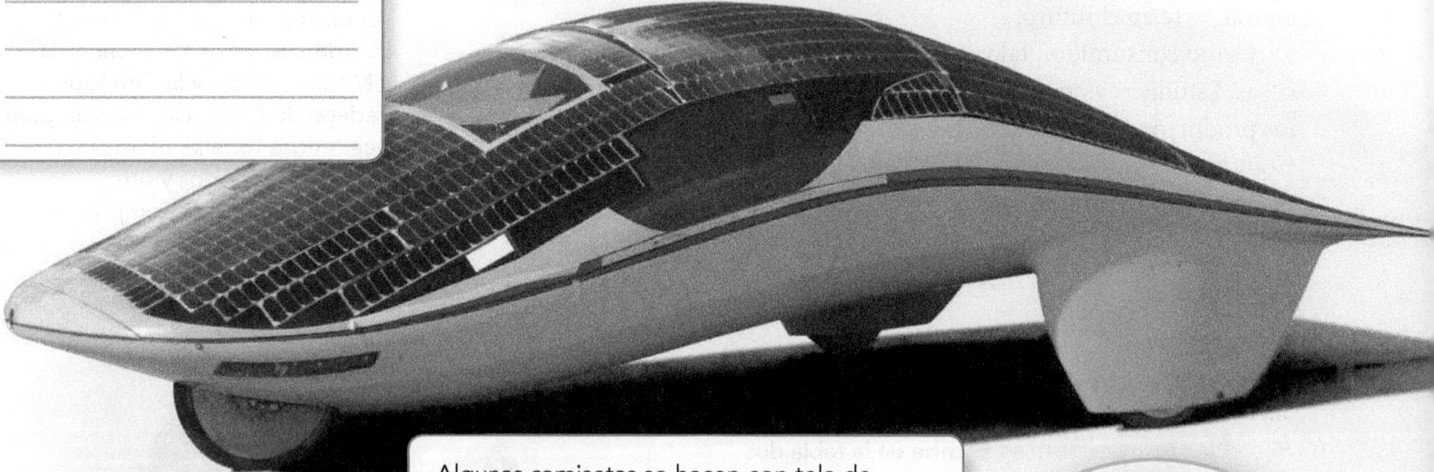

Los automóviles experimentales funcionan con combustibles distintos a la gasolina.

____

____

____

____

____

Algunas camisetas se hacen con tela de poliéster, que se fabrica con botellas de plástico recicladas en lugar de algodón.

____

____

____

____

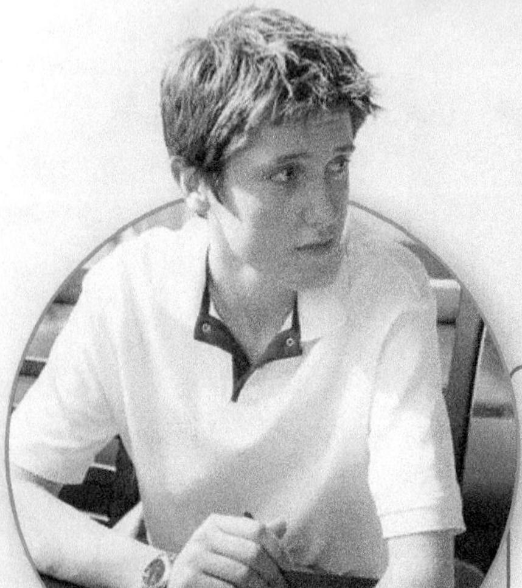

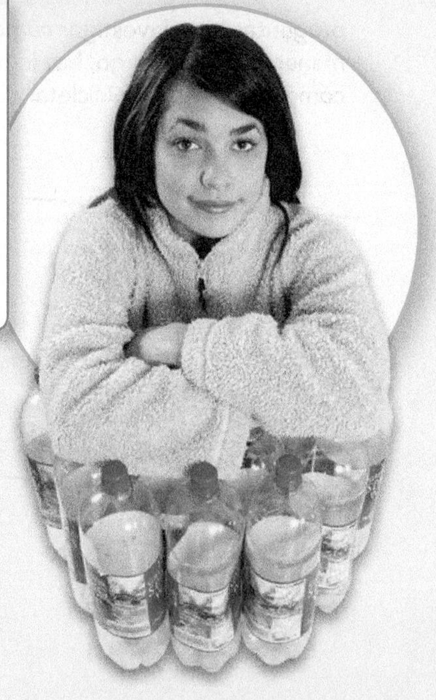

Los asistentes digitales personales y los teléfonos celulares son aparatos electrónicos comunes.

____

____

____

____

¡aplícalo!

Los recursos de la Tierra son limitados. El uso prudente de estos recursos afecta a muchos aspectos de nuestra vida cotidiana. Tal vez hayas pensado en este problema. ¿Debes llevar tu almuerzo en una bolsa de plástico o en una bolsa reutilizable?

1 **Evalúa el impacto en la sociedad** Trabaja en un grupo pequeño e identifica un costo y un beneficio de cada tipo de bolsa. Luego encierra en un círculo la bolsa que decidas usar.

Tipo de bolsa	Costo	Beneficio
Bolsa plástica		
Bolsa reutilizable		

2 **Plantea preguntas** ¿Cómo hallarías más información sobre los costos y los beneficios de cada bolsa? ¿Qué preguntas harías?

_____

_____

_____

Zona de laboratorio Haz la Actividad rápida de laboratorio *Aplicar la ciencia*.

Evalúa tu comprensión

1a. Define ¿Qué es un beneficio?

_____

_____

_____

b. **DESAFÍO** ¿Qué puede ayudarte a tomar una decisión informada?

_____

_____

_____

¿comprendiste?

○ **¡Comprendí!** Ahora sé que comprender los principios científicos y pensar científicamente puede _____

_____

○ Necesito más ayuda con _____

Consulta MY SCIENCE COACH *en línea para obtener ayuda en inglés sobre este tema.*

2 Conocimientos científicos

🔑 **¿Por qué es importante el conocimiento científico?**

🔑 **¿Cómo se analizan las afirmaciones científicas?**

🔑 **¿Cómo se investigan las preguntas científicas?**

mi Diario Del planeta

¿Por qué debes saber?

Si miras programas policiales en televisión, sabes que los investigadores muchas veces usan análisis de ADN para resolver un caso. ¿En qué los ayuda analizar el ADN? Los científicos pueden identificar personas por medio del análisis del ADN. El ADN de cada persona es único, como las huellas digitales.

En el futuro, puedes necesitar más información sobre el uso del ADN como evidencia que la información que se da en los programas de televisión. Por ejemplo, si te eligen para formar parte de un jurado en un juicio donde se usa el ADN como evidencia, necesitarás saber detalles científicos sobre el ADN para tomar una decisión.

DATOS CURIOSOS

Comunica ideas **Comenta la pregunta con un compañero. Luego, escribe tu respuesta en el espacio que sigue.**

Una muestra de ADN relaciona a un sospechoso con un delito. Imagínate que existe una posibilidad en diez millones de que la muestra de ADN pertenezca a otra persona. ¿Cómo influiría esta posibilidad en tu decisión como miembro del jurado?

_____

_____

▶ PLANET DIARY Consulta *Planet Diary* para aprender más en inglés sobre el conocimiento científico.

Zona de laboratorio   Haz la Indagación preliminar *Plantear preguntas*.

¿Por qué es importante el conocimiento científico?

Imagínate que alguien te pide firmar una petición para proteger a los gansos canadienses de tu ciudad y te dice: "¡Hay personas que no quieren a los gansos en nuestros parques!". Otra persona que está allí comenta: "Pero los gansos ensucian mucho". Tú estás confundido. Y sabes que necesitas aprender más sobre el tema.

Vocabulario
- conocimiento científico
- evidencia • opinión

Destrezas
 Lectura: Resume
△ Indagación: Interpreta datos

El conocimiento científico Para comprender los diversos problemas que se te presentan, necesitas el conocimiento científico. El **conocimiento científico** es la comprensión de términos y principios científicos necesarios para hacer preguntas, evaluar información y tomar decisiones. ⚷ **Con el conocimiento científico, podrás identificar fuentes fiables de información científica, evaluar su exactitud y aplicar ese conocimiento a preguntas o problemas de tu vida.**

Evidencia y opinión Para evaluar la información científica, primero debes distinguir entre evidencia y opinión. En ciencias, la **evidencia** consiste en observaciones y conclusiones que se han repetido. La evidencia puede confirmar una afirmación científica o no. Una **opinión** es una idea que puede basarse en la evidencia pero que no se ha confirmado por medio de la evidencia. En la **ilustración 1,** intenta separar la evidencia de la opinión.

✎ **Resume** Resume el segundo párrafo con tus propias palabras.

_____

_____

_____

_____

_____

_____

ILUSTRACIÓN 1 ·······················
Evidencia y opinión
¿En tu ciudad se debería evitar que los gansos canadienses vivan en los parques?

✎ **Distingue** evidencia de opinión **En los recuadros, escribe si cada enunciado es una evidencia o una opinión.**

Los gansos pasan hasta 12 horas por día comiendo hierba y raíces.

_____

Los gansos ensucian mucho.

_____

△ **Zona** ® **laboratorio** Haz la Actividad rápida de laboratorio *Encuesta sobre el conocimiento científico.*

⚷ Evalúa tu comprensión

¿comprendiste? ··

○ **¡Comprendí!** Ahora sé que si tengo conocimiento científico _____

_____

○ **Necesito más ayuda con** _____

    Consulta **my science COACH** *en línea para obtener ayuda en inglés sobre este tema.*

¿Cómo se analizan las afirmaciones científicas?

El conocimiento científico te da recursos para analizar afirmaciones científicas. El razonamiento científico te da el proceso. **Puedes usar el razonamiento científico para analizar afirmaciones científicas mediante la búsqueda de prejuicios y errores en la investigación, la evaluación de datos y la identificación de razonamientos erróneos.**

ILUSTRACIÓN 2 ·······························

Analizar afirmaciones científicas

✎ Lee sobre esta investigación y analiza la conclusión del investigador. Luego responde las preguntas de los recuadros.

Un investigador debe hallar si las personas de una ciudad saben usar bien una computadora. El investigador pone un aviso en Internet para buscar participantes para la prueba. Como forma de pago, ofrece una memoria portátil gratis.

Veinte personas hacen la prueba. Todas obtienen la calificación más alta.

El investigador llega a la conclusión de que los habitantes de la ciudad saben usar una computadora perfectamente.

Identifica el prejuicio experimental ¿Qué importante fuente de prejuicio experimental hubo en esta investigación?

_____
_____
_____

Analiza fuentes de error ¿Cuál es una de las fuentes de error más importantes de esta investigación?

_____
_____
_____
_____

¡aplícalo!

Lee el ejemplo de aviso publicitario. Luego usa el razonamiento científico para analizar las afirmaciones que contiene.

1 **Interpreta datos** ¿Cuántos sujetos hubo en el estudio?

_____

2 **Evalúa afirmaciones científicas** ¿Los resultados de la investigación confirman la afirmación de que *Conocimiento* ayuda a conseguir mejores calificaciones? Explica tu respuesta.

_____
_____
_____

3 **DESAFÍO** ¿La calificación del Sujeto B realmente fue el 25% más alta que la calificación del Sujeto A? Calcula.

_____
_____

¡Mejora tus calificaciones!

¡Método probado científicamente para mejorar las calificaciones!

Echa un vistazo a los resultados de nuestras investigaciones.

Sujeto A: Estudió durante 30 minutos delante del televisor y no siguió nuestro método. ¡Obtuvo 72 puntos!

Sujeto B: ¡Estudió durante 3 horas con un tutor y siguió el método de Conocimiento! ¡Obtuvo 90 puntos!

¡Con *Conocimiento*
MEJORARÁS UN 25%
tus **CALIFICACIONES!**

¡Tú PUEDES lograrlo!
¡PIDE Conocimiento HOY MISMO!

Zona de laboratorio Haz la Actividad rápida de laboratorio *Analizar afirmaciones.*

🔑 Evalúa tu comprensión

1a. Identifica ¿De qué manera se puede usar el razonamiento científico para analizar afirmaciones científicas?

_____
_____
_____

b. Haz generalizaciones ¿Puede ser correcta una afirmación científica que se basa en una sola prueba? ¿Por qué?

_____
_____

¿comprendiste?

○ **¡Comprendí!** Ahora sé que puedo analizar afirmaciones científicas mediante _____
_____

○ Necesito más ayuda con _____

Consulta **my science coach** *en línea para obtener ayuda en inglés sobre este tema.*

¿Cómo se investigan las preguntas científicas?

Es probable que debas responder preguntas científicas para tomar decisiones en tu vida. Por ejemplo, imagínate que te lastimas la rodilla y el doctor te da varias opciones de tratamientos. Debes investigar antes de tomar una decisión. En ciencias, también debes investigar para diseñar un experimento.

 **Para tomar decisiones y diseñar experimentos debes contar con información de apoyo pertinente y fiable.** La información pertinente consiste en conocimientos relacionados con la pregunta. La información fiable proviene de una persona o una organización que no forma prejuicios. Por lo general, las universidades, los museos y los organismos gubernamentales son fuentes de información fiable, así como muchos libros de no ficción, revistas y sitios de Internet educativos. Observa las fuentes de información de la **ilustración 3**.

Vocabulario Usar el contexto para determinar el significado Subraya la frase del texto que te ayude a comprender la palabra *pertinente*.

ILUSTRACIÓN 3 ···
Evaluar fuentes de información

✏ **Evalúa la fiabilidad de los datos** Encierra en un círculo la fuente de información más fiable y más pertinente para tu investigación sobre el consumo de agua en tu comunidad. Explica la opción que elegiste en el espacio que sigue.

_____

_____

_____

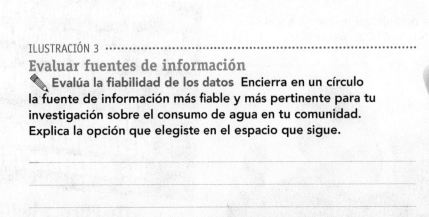

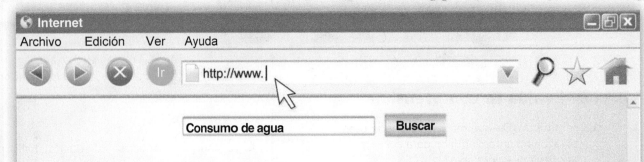

Consumo de agua   Buscar

Todo sobre el consumo de agua
¿Cuánto sabes sobre el agua que usas? Haz esta prueba.
Autores: clase de 6° grado del maestro Pickle.

Efectos del aumento de las tarifas en la reducción del consumo de agua en Sydney
Gobierno de Nueva Gales del Sur, Australia

Consumo de agua por condado
Oficina gubernamental estatal de recursos y conservación de agua

¡Todo cabe en una botella!

EXPLORA LA PREGUNTA PRINCIPAL

¿Cómo se afectan mutuamente la ciencia y la sociedad?

1 Se inventaron plásticos transparentes que se podían usar para fabricar botellas livianas y baratas.

2 Los fabricantes produjeron muchas botellas de plástico para muchas bebidas, y las personas las compran.

3 Las botellas de plástico vacías se convirtieron en desechos. Las leyes de depósito para botellas promovieron el reciclaje de botellas vacías.

4 Se inventaron maneras de reciclar botellas para convertirlas en productos nuevos y seguros.

5 Las personas compraron productos fabricados con botellas recicladas.

6 Se diseñaron botellas que contienen un 30% menos de plástico.

ILUSTRACIÓN 4 ······································

> REAL-WORLD INQUIRY La ciencia y la sociedad están interconectadas.

✎ **Infiere** Encierra en un círculo los recuadros que muestran el trabajo de la ciencia. Luego explica en el espacio que sigue de qué manera los enunciados de los recuadros 3 y 4 demuestran cómo la ciencia y otros aspectos de la sociedad se afectan mutuamente.

_____
_____
_____

Zona de laboratorio Haz la Actividad rápida de laboratorio *Fuentes de información.*

🔑 Evalúa tu comprensión

2a. Repasa ¿Cómo se denomina la información que se relaciona con una pregunta?

_____

b. RESPONDE LA PREGUNTA PRINCIPAL ¿Cómo se afectan mutuamente la ciencia y la sociedad?

_____
_____
_____
_____
_____

¿comprendiste? ·····························

○ **¡Comprendí!** Ahora sé que para tomar decisiones informadas y diseñar experimentos, se necesita _____
_____

○ Necesito más ayuda con _____

Consulta MY SCIENCE COACH en línea para obtener ayuda en inglés sobre este tema.

Los científicos y la sociedad

🔑 **¿Cómo afecta la sociedad al trabajo de los científicos?**

mi DiaRio DeL planeta   VOCES DE LA HISTORIA

Albert Einstein

Albert Einstein, nacido en 1879 en Alemania, es reconocido como uno de los científicos más destacados de la historia. Se le conoce mejor por su ecuación de física $E = mc^2$, que describe su teoría de la relatividad. *E* significa energía, *m* significa masa y *c* significa velocidad de la luz. Esta ecuación describe la relación entre masa y energía. Las siguientes son dos citas de Einstein:

> "Ninguna cantidad de experimentos puede probar definitivamente que estoy en lo cierto; un solo experimento puede probar que estoy equivocado".

> "El crecimiento intelectual debe comenzar al nacer y concluir sólo al morir".

Lee la pregunta siguiente. Escribe tu respuesta en el espacio que sigue.

¿Qué crees que decía Einstein sobre la ciencia en la primera cita?

_____

_____

_____

_____

_____

_____

PLANET DIARY Consulta *Planet Diary* para aprender más en inglés sobre los científicos y la sociedad.

Zona de laboratorio Haz la Indagación preliminar *¿Qué hacen los científicos?*

¿Cómo afecta la sociedad al trabajo de los científicos?

Los descubrimientos de la ciencia han hecho posible que la sociedad tenga acceso a automóviles, teléfonos y otros productos. Los científicos de la actualidad trabajan en los descubrimientos del futuro. 🔑 **El trabajo de los científicos cambia la sociedad. A su vez, la sociedad influye en el trabajo de los científicos.**

A veces el trabajo de los científicos se opone a las creencias de una sociedad o de sus líderes. En estos casos, el trabajo de un científico puede generar **controversia,** es decir un desacuerdo público entre grupos. No es raro que haya controversias científicas. Al defender su trabajo, los científicos ayudan a las personas a comprender mejor el mundo.

Galileo Galilei Durante muchos años, Galileo Galilei observó el cielo nocturno con un telescopio. En 1610 publicó los descubrimientos que fundamentaban el modelo heliocéntrico, un modelo del sistema solar en el cual la Tierra gira alrededor del Sol. Este modelo heliocéntrico, que se muestra a la derecha, se oponía a las creencias de los líderes de la sociedad de ese momento. En 1616 se prohibieron todos los libros que apoyaban ese modelo. En 1632, Galileo publicó otro libro que fundamentaba el mismo modelo. En consecuencia, fue juzgado, se lo halló culpable y se lo condenó a pasar el resto de su vida encarcelado en su propia casa. Pero con el tiempo, el trabajo de Galileo llevó a la aceptación de la ciencia como una manera de explicar el mundo natural.

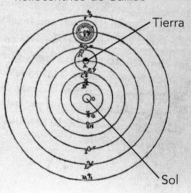

Diagrama del modelo heliocéntrico de Galileo

Tierra

Sol

↺ **Sigue** la secuencia Escribe con tus propias palabras el orden de los sucesos que provocaron la condena de Galileo.

Suceso 1	Suceso 2	Suceso 3

Suceso 4	Suceso 5	Suceso 6
		Galileo fue condenado a pasar el resto de su vida encarcelado en su casa.

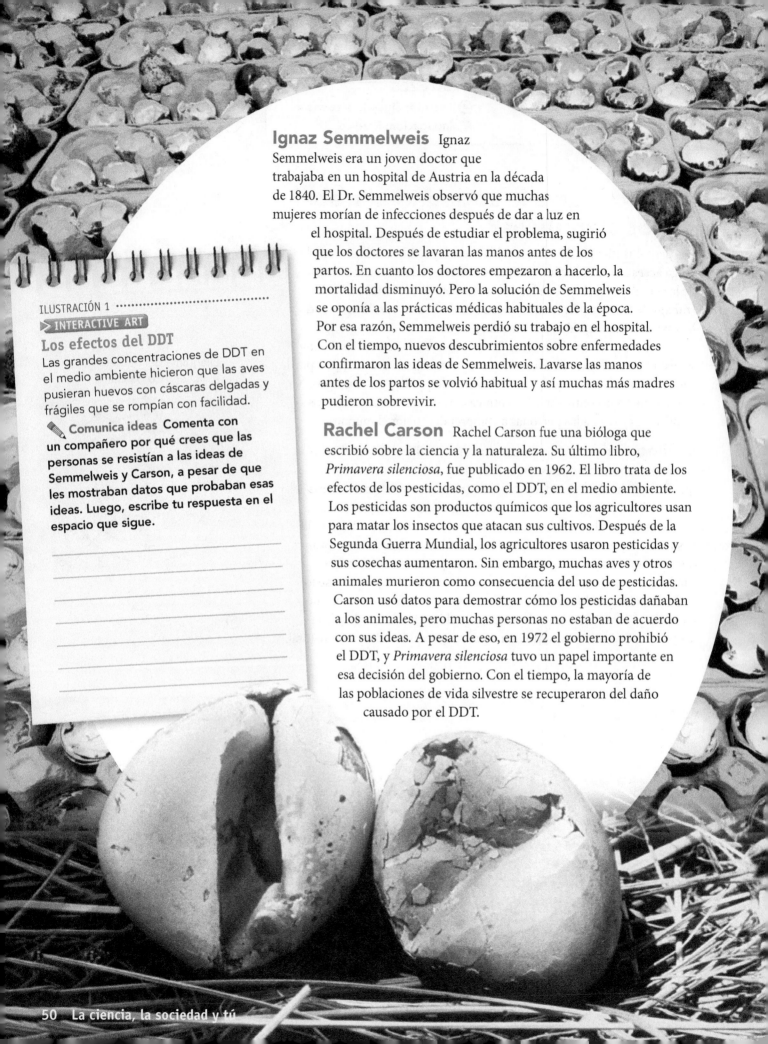

Ignaz Semmelweis

Ignaz Semmelweis era un joven doctor que trabajaba en un hospital de Austria en la década de 1840. El Dr. Semmelweis observó que muchas mujeres morían de infecciones después de dar a luz en el hospital. Después de estudiar el problema, sugirió que los doctores se lavaran las manos antes de los partos. En cuanto los doctores empezaron a hacerlo, la mortalidad disminuyó. Pero la solución de Semmelweis se oponía a las prácticas médicas habituales de la época. Por esa razón, Semmelweis perdió su trabajo en el hospital. Con el tiempo, nuevos descubrimientos sobre enfermedades confirmaron las ideas de Semmelweis. Lavarse las manos antes de los partos se volvió habitual y así muchas más madres pudieron sobrevivir.

Rachel Carson

Rachel Carson fue una bióloga que escribió sobre la ciencia y la naturaleza. Su último libro, *Primavera silenciosa*, fue publicado en 1962. El libro trata de los efectos de los pesticidas, como el DDT, en el medio ambiente. Los pesticidas son productos químicos que los agricultores usan para matar los insectos que atacan sus cultivos. Después de la Segunda Guerra Mundial, los agricultores usaron pesticidas y sus cosechas aumentaron. Sin embargo, muchas aves y otros animales murieron como consecuencia del uso de pesticidas. Carson usó datos para demostrar cómo los pesticidas dañaban a los animales, pero muchas personas no estaban de acuerdo con sus ideas. A pesar de eso, en 1972 el gobierno prohibió el DDT, y *Primavera silenciosa* tuvo un papel importante en esa decisión del gobierno. Con el tiempo, la mayoría de las poblaciones de vida silvestre se recuperaron del daño causado por el DDT.

ILUSTRACIÓN 1 ·······················
> INTERACTIVE ART

Los efectos del DDT

Las grandes concentraciones de DDT en el medio ambiente hicieron que las aves pusieran huevos con cáscaras delgadas y frágiles que se rompían con facilidad.

✎ **Comunica ideas** Comenta con un compañero por qué crees que las personas se resistían a las ideas de Semmelweis y Carson, a pesar de que les mostraban datos que probaban esas ideas. Luego, escribe tu respuesta en el espacio que sigue.

_____
_____
_____
_____
_____
_____
_____

¡aplícalo!

Imagínate que se mueren los peces del río de tu ciudad. Los científicos llegan a la conclusión de que el agua contaminada de una fábrica vecina está matando a los peces. Si es muy caro solucionar el problema, la fábrica tendrá que cerrar. Muchos habitantes de la ciudad trabajan en la fábrica. Muchos otros trabajan en centros de pesca que atraen a turistas que van porque saben que la pesca del lugar es buena.

1 **Predice** ¿Crees que estos grupos rechazarán o coincidirán con la conclusión sobre por qué mueren los peces? Explica cada respuesta.

Trabajadores de la fábrica

_____

_____

_____

Dueños de los centros de pesca

_____

_____

_____

2 **DESAFÍO** ¿Cuál sería el costo y el beneficio si la ciudad ofreciera solucionar el problema de la fábrica?

_____

_____

_____

_____

Zona de laboratorio Haz la Actividad rápida de laboratorio *Fuentes de luz.*

🔑 Evalúa tu comprensión

1a. Define ¿Qué es una controversia científica?

_____

_____

_____

_____

b. Explica ¿Por qué las ideas de Semmelweis crearon controversia?

_____

_____

_____

_____

¿comprendiste? ....

○ **¡Comprendí!** Ahora sé que la ciencia y la sociedad se afectan mutuamente porque _____

○ Necesito más ayuda con _____

Consulta MY SCIENCE 🌐 COACH en línea para obtener ayuda en inglés sobre este tema.

4 Profesiones científicas

DESCUBRE LA PREGUNTA PRINCIPAL

🗝 **¿Cuáles son algunas profesiones científicas?**

🗝 **¿Por qué los científicos trabajan en equipo?**

🗝 **¿Qué importancia tiene la ciencia en las profesiones que no son científicas?**

mi DiaRio DeL planeTa

Científica en robótica

¿Has mirado alguna vez una película en donde los robots hablan como las personas, muestran emociones, piensan y básicamente actúan casi como humanos? Aunque esos robots no existen en la actualidad, tal vez sí existirán en el futuro, gracias a los científicos de la robótica.

Uno de esos científicos es Maja Matarić. Su investigación busca modelar el comportamiento de los robots para que puedan ayudar a las personas de varias maneras. Esta investigación no sólo le permite a Matarić trabajar con las ciencias de la computación, sino también explorar otras ramas de la ciencia. ¿Qué te parece trabajar con robots todos los días?

PROFESIÓN

Lee la pregunta siguiente. Luego, escribe tu respuesta en el espacio que sigue.

¿Por qué crees que la doctora Matarić debe tener en cuenta muchas áreas de la ciencia al realizar su investigación?

_____

_____

_____

_____

_____

▷ PLANET DIARY Consulta *Planet Diary* para aprender más en inglés sobre las profesiones científicas.

Zona de laboratorio® Haz la Indagación preliminar
¿Qué aspecto tienen los científicos?

¿Cuáles son algunas profesiones científicas?

Ya conoces algunas profesiones científicas, como astronauta y médico. Pero, ¿has oído hablar de los vulcanólogos, que estudian los volcanes, y de los ornitólogos, que estudian a las aves? Los científicos trabajan en tres grandes áreas. 🗝 **Las tres áreas principales de las profesiones científicas son las ciencias de la vida, las ciencias de la Tierra y el espacio, y las ciencias físicas.**

Vocabulario

- ciencias de la vida
- ciencias de la Tierra y el espacio
- ciencias físicas

Destrezas

- Lectura: Identifica la idea principal
- Indagación: Comunica ideas

Ciencias de la vida Las **ciencias de la vida** estudian los seres vivos, como plantas, animales y formas de vida microscópicas. Los científicos de las ciencias de la vida también estudian cómo los seres vivos interactúan entre sí y con su entorno. El estudio del cuerpo humano también forma parte de las ciencias de la vida. La **ilustración 1** muestra sólo algunos ejemplos de profesiones de las ciencias de la vida.

ILUSTRACIÓN 1 ···

Profesiones de las ciencias de la vida

✏️ Infiere Lee sobre cada profesión y luego identifica los tipos de problemas que podría resolver cada científico.

Profesión de las ciencias de la vida	Problemas que los científicos podrían resolver
Investigadores biomédicos	
Entomólogos	
Científicos de la industria pesquera	

Los **investigadores biomédicos** trabajan para hallar nuevos tratamientos para enfermedades y maneras de mejorar los tratamientos existentes. Trabajan para hospitales, empresas farmacéuticas y gobiernos.

Los **entomólogos** estudian los insectos y sus funciones en el medio ambiente. Trabajan para empresas de alimentos, universidades y gobiernos.

Los **científicos de la industria pesquera** observan enfermedades y controlan las poblaciones de peces. Trabajan para criaderos de peces y gobiernos.

53

Identifica la idea principal
Subraya la idea principal del párrafo
y luego encierra en un círculo los
detalles que apoyan la idea principal.

Ciencias de la Tierra y el espacio Los científicos de las
ciencias de la Tierra estudian áreas de las **ciencias de la Tierra y el
espacio,** que consisten en el estudio de la Tierra y su lugar en el universo.
Algunos de estos científicos estudian las fuerzas que han dado forma a
la Tierra a lo largo de la historia. Otros estudian los océanos, las aguas
dulces o el clima del planeta. Los científicos de las ciencias del espacio
estudian los planetas y las estrellas que están más allá de la Tierra. La
ilustración 2 muestra algunos ejemplos de profesiones de las ciencias
de la Tierra y el espacio.

ILUSTRACIÓN 2 ·······················

**Profesiones de las ciencias de
la Tierra y el espacio, y de las
ciencias físicas**

Responde las preguntas siguientes.

1. **Pregunta** ¿Qué te gustaría preguntarle
   a un científico de la Tierra y el espacio?

   _____

   _____

2. **Explica** ¿Qué profesión de las ciencias
   físicas suena más interesante? ¿Por qué?

   _____

   _____

   _____

Los **astrofísicos** investigan el universo que se
extiende más allá de la Tierra. Usan instrumentos
para detectar luz y otras radiaciones de estrellas
y de otros cuerpos. La mayoría de los
astrofísicos realizan
investigaciones y dan clases
en universidades.

Los **hidrólogos** investigan el agua dulce
y su movimiento. Advierten de qué manera
las nuevas construcciones pueden afectar el
movimiento del agua. Planean proyectos para
reducir los daños que producen las inundaciones.
Los hidrólogos pueden trabajar para las consultoras
ambientales, las empresas constructoras y los gobiernos.

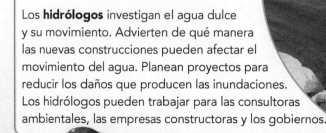

Los **geocientíficos** estudian la Tierra.
Algunos se concentran en los movimientos
que se producen en la corteza terrestre y
ocasionan los terremotos. Otros estudian
las rocas, los minerales o recursos como el
petróleo. Los geocientíficos pueden trabajar
para empresas petroleras, empresas de
ingeniería civil, universidades y gobiernos.

Ciencias físicas Las **ciencias físicas** estudian la energía, el movimiento, el sonido, la luz, la electricidad y el magnetismo. Aquí también está incluida la química: el estudio de la materia que conforma todas las cosas. Los siguientes son algunos ejemplos de profesiones en las ciencias físicas.

Los **químicos** realizan una gran variedad de tareas. Investigan la naturaleza de la materia y desarrollan materiales nuevos. Trabajan para laboratorios de investigación, empresas de alimentos y medicamentos y muchos otros empleadores.

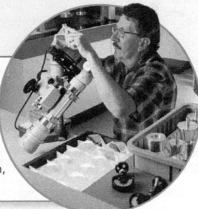

Los **técnicos de las ciencias físicas** preparan experimentos, realizan pruebas y se ocupan del mantenimiento de los equipos de los científicos. Resuelven los problemas a medida que surgen. Los técnicos trabajan para fabricantes, laboratorios de investigación, centrales eléctricas y gobiernos.

Los **profesores de física** enseñan física a los estudiantes. Evalúan el aprendizaje de los estudiantes en el laboratorio y en el salón de clases. Los profesores de física trabajan para escuelas secundarias, institutos de enseñanza y universidades.

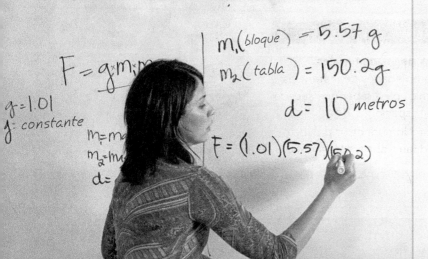

$$m_1 (bloque) = 5.57 \, g$$
$$m_2 (tabla) = 150.2 g$$
$$d = 10 \, metros$$
$$F = (1.01)(5.57)(150.2)$$

$$F = g \cdot m_1 \cdot m_2$$
$$g = 1.01$$
$$g = constante$$
$$m_1 = m$$
$$m_2 = m$$
$$d =$$

¡Usa las
matemáticas!....

Esta tabla muestra el porcentaje de científicos que trabajan para diversas categorías de empleadores en los Estados Unidos.

Dónde trabajan los científicos	
Industria y negocios con fines de lucro	59%
Organizaciones sin fines de lucro	6%
Educación (K–12)	7%
Independientes	6%
Gobierno	13%
Institutos de enseñanza y universidades	9%

1 Calcula ¿Qué porcentaje de científicos trabaja para el gobierno y para organizaciones sin fines de lucro, en total?

_____

2 Interpreta datos ¿En qué categoría trabajan menos científicos que en la categoría de industria y negocios?

○ gobierno
○ educación
○ organizaciones sin fines de lucro
○ todas las opciones anteriores

Zona de laboratorio Haz la Actividad rápida de laboratorio *Ramas de la ciencia*.

Evalúa tu comprensión
¿comprendiste? ....

○ **¡Comprendí!** Ahora sé que las tres áreas principales de las profesiones científicas son ____

_____

_____

○ Necesito más ayuda con _____

Consulta MY SCIENCE COACH en línea para obtener ayuda en inglés sobre este tema.

¿Por qué los científicos trabajan en equipo?

Imagínate que intentas resolver un rompecabezas con tus amigos. Es probable que todos trabajen en secciones diferentes al mismo tiempo. Los científicos trabajan de una manera parecida. 🔑 La mayoría de los científicos trabajan en equipo con científicos de otras áreas. La razón es porque se requiere el trabajo de científicos de muchas áreas para responder la mayoría de las preguntas científicas. Observa la **ilustración 3** y la **ilustración 4** para saber cómo los científicos trabajan en equipo para alcanzar sus objetivos.

ILUSTRACIÓN 3 ·······································

Exploración espacial

Los astronautas viven en la Estación Espacial Internacional que se encuentra en órbita a unos 400 kilómetros de la Tierra. Científicos de muchas áreas trabajan para afrontar los desafíos de la vida en el espacio.

✎ **Completa estas actividades.**

Los **profesionales de las ciencias de la alimentación** desarrollan comidas especiales para los viajes al espacio. Preparan comida sana y sabrosa que se empaqueta de manera segura y es fácil de preparar.

✎ **Infiere** Identifica a otros científicos que proveen comida para astronautas. Luego describe su trabajo.

_____

_____

_____

_____

_____

Los **astronautas** de la estación espacial estudian de qué manera la vida en el espacio afecta la resistencia de los músculos y si los cultivos pueden crecer en el espacio o no.

✎ **Clasifica** Explica qué área de la ciencia se ocupa de estos experimentos y por qué.

_____

_____

Los **científicos de los materiales** estudian las propiedades de materiales como la cerámica para saber qué sucede con ellos en el espacio.

✎ **Identifica** Nombra otros proyectos en los cuales podrían trabajar los científicos de los materiales.

_____

_____

ILUSTRACIÓN 4 ·······················

El desarrollo de biocombustible

Científicos de muchas áreas trabajan en equipo para desarrollar biocombustibles producidos con semillas de soya u otros componentes vegetales.

✎ **Plantea preguntas** Escribe una pregunta que cada uno de los científicos pueda investigar con el fin de lograr el desarrollo de biocombustibles.

Los **botánicos** estudian las plantas, dónde crecen y qué necesitan para crecer. Pregunta:

_____

_____

_____

Los **científicos del suelo** estudian el suelo, identifican los minerales y los nutrientes que contiene y descubren cómo usar los cultivos para mejorar el suelo. Pregunta:

_____

_____

Los **investigadores químicos** analizan la composición química de la materia e investigan cómo desarrollar productos nuevos a partir de materias primas. Pregunta:

_____

_____

_____

_____

Zona de **laboratorio** — Haz la Investigación de laboratorio _Unir la información._

🔑 Evalúa tu comprensión

1a. Identifica Da un ejemplo de un problema científico en el cual trabajen en equipo científicos de diferentes áreas.

_____

_____

_____

b. Aplica conceptos ¿Cómo podría un científico de las ciencias de la vida contribuir al estudio de los volcanes?

_____

_____

_____

¿comprendiste?

○ **¡Comprendí!** Ahora sé que los científicos de diferentes áreas trabajan en equipo porque _____

_____

_____

○ Necesito más ayuda con _____

Consulta my science COACH _en línea para obtener ayuda en inglés sobre este tema._

¿Qué importancia tiene la ciencia en las profesiones que no son científicas?

¿Los científicos son las únicas personas que deben tener conocimientos de ciencias para hacer su trabajo? Por supuesto que la respuesta es no. 🔑 **En muchas profesiones no científicas, el conocimiento científico es vital para realizar el trabajo.** La **ilustración 5** muestra algunas profesiones donde se aplica la ciencia.

ILUSTRACIÓN 5 ·····························
> **INTERACTIVE ART**

Las profesiones y la ciencia

La mayoría de las personas deben saber algo de ciencias para hacer su trabajo.

✏️ **Lee sobre cada profesión. Luego responde la pregunta de los recuadros.**

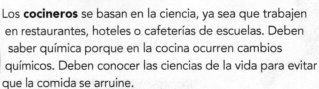

Los **artistas** aplican las ciencias. Los artistas que trabajan con vidrio usan el calor para darle forma. Los escultores deben identificar el material adecuado para las esculturas que están al aire libre.

✏️ **Aplica conceptos** Identifica el área de la ciencia que aplica cada uno de estos artistas. Luego explica cómo la aplica.

_____

_____

Los **cocineros** se basan en la ciencia, ya sea que trabajen en restaurantes, hoteles o cafeterías de escuelas. Deben saber química porque en la cocina ocurren cambios químicos. Deben conocer las ciencias de la vida para evitar que la comida se arruine.

✏️ **Identifica** Describe qué otras áreas de las ciencias de la vida deben conocer los cocineros y por qué.

_____

_____

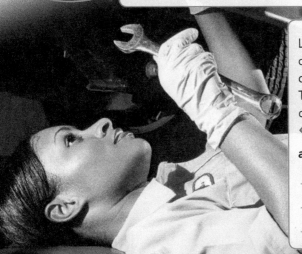

Los **técnicos de reparación de automóviles** deben conocer la física de los motores y la química de los combustibles y los fluidos para reparar los automóviles. También usan el pensamiento científico y destrezas científicas como la observación.

✏️ **Infiere** Explica por qué saber de electricidad puede ayudar a un técnico de reparación de automóviles.

_____

_____

¡aplícalo!

Los bomberos deben conocer sobre ciencia para apagar incendios y salvar vidas.

1 Comunica ideas Comenta con un compañero de qué manera los bomberos aplican la ciencia. Escribe dos ejemplos. Identifica el área de la ciencia a la que pertenece cada ejemplo.

_____
_____
_____
_____

2 Saca conclusiones ¿Por qué es importante que los bomberos sepan un poco sobre las ciencias físicas, las ciencias de la Tierra y las ciencias de la vida?

_____
_____

3 DESAFÍO ¿Qué principios científicos deben conocer las personas adultas de tu familia para hacer sus trabajos?

_____
_____
_____

 Haz la Actividad rápida de laboratorio *Se necesita ayuda.*

🔑 Evalúa tu comprensión

2a. Repasa ¿Por qué todos deberían estudiar algo de ciencias?

_____
_____
_____
_____

b. Aplica conceptos ¿Cómo ayudaría el conocimiento sobre ciencias a un jardinero?

_____
_____

¿comprendiste?

○ **¡Comprendí!** Ahora sé que la ciencia es importante para las profesiones que no son científicas porque _____
_____
_____
_____

○ Necesito más ayuda con _____

Consulta MY SCIENCE COACH *en línea para obtener ayuda en inglés sobre este tema.*

REPASA LA PREGUNTA PRINCIPAL

_____ y _____ se afectan mutuamente.
Lo que sucede en un área afecta lo que sucede en la otra.

LECCIÓN 1 **¿Por qué estudiar las ciencias?**

🔑 Comprender los principios científicos y pensar científicamente puede ayudarte a resolver problemas y a responder preguntas durante toda tu vida.

Vocabulario
- costo
- beneficio

LECCIÓN 2 **Conocimientos científicos**

🔑 Con el conocimiento científico, podrás identificar fuentes fiables de información científica, evaluar su exactitud y aplicar ese conocimiento a preguntas o problemas de tu vida.

🔑 Puedes usar el razonamiento científico para analizar afirmaciones científicas mediante la búsqueda de prejuicios y errores en la investigación, la evaluación de datos y la identificación de razonamientos erróneos.

🔑 Para tomar decisiones y diseñar experimentos debes contar con información de apoyo pertinente y fiable.

Vocabulario
- conocimiento científico
- evidencia
- opinión

LECCIÓN 3 **Los científicos y la sociedad**

🔑 El trabajo de los científicos cambia la sociedad. A su vez, la sociedad influye en el trabajo de los científicos.

Vocabulario
- controversia

LECCIÓN 4 **Profesiones científicas**

🔑 Las tres áreas principales de las profesiones científicas son las ciencias de la vida, las ciencias de la Tierra y el espacio, y las ciencias físicas.

🔑 La mayoría de los científicos trabajan en equipo con científicos de otras áreas porque la mayoría de las preguntas científicas están relacionadas con muchas áreas de la ciencia.

🔑 En muchas profesiones no científicas, el conocimiento científico es vital para realizar el trabajo.

Vocabulario
- ciencias de la vida
- ciencias de la Tierra y el espacio
- ciencias físicas

Repaso y evaluación

LECCIÓN 1 **¿Por qué estudiar las ciencias?**

1. Una consecuencia positiva de una acción se denomina

  a. costo.　　　　**b.** beneficio.

  c. producto.　　　**d.** principio.

2. _____ es el resultado negativo de una acción o de la falta de acción.

3. **Analiza costos y beneficios** Describe un costo y un beneficio de reciclar plástico en tu escuela.

_____

_____

_____

_____

_____

4. **Evalúa afirmaciones científicas** Un grupo de protección del medio ambiente emitió un comunicado de prensa que aseguraba que una planta química local había contaminado gravemente un río cercano. Sin embargo, el río no se ve contaminado. El grupo de ambientalistas es nuevo y nadie lo conoce. ¿Por qué se debe saber sobre ciencias para juzgar la validez de la afirmación de este grupo?

_____

_____

_____

_____

_____

_____

5. **Escríbelo** Diseña una tira cómica de cinco cuadros que ilustre la importancia de la educación en ciencias. Tu tira cómica debe mostrar una situación en particular en donde el conocimiento de la ciencia habría sido importante.

LECCIÓN 2 **Conocimientos científicos**

6. La capacidad de comprender términos y principios científicos básicos que se puedan aplicar a tu vida se denomina

  a. evidencia.　　　　　　**b.** opinión.

  c. conocimiento científico.　**d.** interrogatorio científico.

7. Cuando realizas una investigación científica, debes buscar información _____

8. **Plantea preguntas** Un estudio científico demuestra que la fruta congelada es más nutritiva que la fruta enlatada. ¿Qué preguntas te gustaría que te respondieran antes de aceptar esa afirmación?

_____

_____

_____

_____

9. **Evalúa la fiabilidad de los datos** Trabajas en un proyecto para una feria de ciencias y debes investigar sobre tu tema. ¿Dónde buscarás información fiable? Identifica por lo menos tres fuentes.

_____

_____

_____

_____

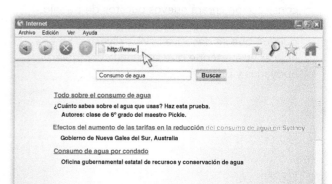

61

LECCIÓN 3 **Los científicos y la sociedad**

10. El científico que afirmó que la Tierra gira alrededor del Sol es

   a. Rachel Carson.

   b. Galileo Galilei.

   c. Albert Einstein.

   d. Ignaz Semmelweis.

11. Un desacuerdo público entre grupos con diferentes

opiniones se denomina _____

12. **Evalúa la ciencia en los medios de comunicación** Identifica una controversia científica de la cual hayas visto un informe en televisión o hayas leído un artículo en un periódico, en una revista o en Internet.

_____

_____

13. **Evalúa el impacto en la sociedad** ¿Cómo crees que influye en la medicina moderna el descubrimiento que Ignaz Semmelweis hizo en la década de 1840?

_____

_____

_____

_____

14. **Escríbelo** Una empresa debe despejar un terreno arbolado para construir un edificio nuevo. Algunas personas apoyan a la empresa porque la construcción creará nuevos puestos de trabajo. Otras personas están en contra porque no quieren que se destruya la vida silvestre. En una hoja aparte, escribe qué lado de la controversia apoyarías y por qué.

LECCIÓN 4 **Profesiones científicas**

15. El estudio de la Tierra y su lugar en el universo se denomina

   a. ciencias de la vida.   **b.** ciencias de la

   c. ciencias de la Tierra   computación.

      y el espacio.   **d.** ciencias físicas.

16. _____ estudian el movimiento, el sonido, la luz, la electricidad y el magnetismo.

17. **Haz generalizaciones** Si una amiga tuya quiere ser astronauta, ¿debe estudiar sólo las ciencias del espacio? ¿Por qué?

_____

_____

_____

_____

APLICA LA PREGUNTA PRINCIPAL **¿Cómo se afectan mutuamente la ciencia y la sociedad?**

18. Explica cómo la invención de los teléfonos celulares ha afectado a la sociedad actual. ¿Cómo era la vida cotidiana antes de que se inventaran los teléfonos celulares? ¿Cómo ha cambiado la situación desde que se crearon?

_____

_____

_____

_____

_____

_____

_____

_____

_____

Preparación para exámenes estandarizados

Selección múltiple

Encierra en un círculo la letra de la mejor respuesta.

Esta gráfica compara cómo conservan el calor dos marcas de vasos térmicos. Consulta la gráfica para responder la pregunta 1.

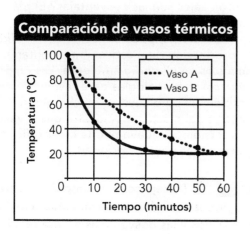

1. La información de la gráfica es un ejemplo de

A   prejuicio.
B   evidencia.
C   opinión.
D   razonamiento.

2. ¿Cuál sería la mejor manera de determinar qué marca de toallas de papel es la más resistente cuando se moja?

A   comparar comerciales de televisión que demuestren la resistencia de las toallas de papel
B   romper toallas mojadas de diferentes marcas para percibir cuál parece la más resistente
C   comparar cuánto peso puede soportar cada marca de toallas antes de romperse
D   preguntar a cocineros cuál es la mejor marca

3. Un desacuerdo público entre grupos con diferentes opiniones se denomina

A   razonamiento erróneo.
B   controversia.
C   decisión.
D   datos fiables.

4. ¿Cómo se denomina la consecuencia negativa de una acción o de la falta de acción?

A   impacto
B   beneficio
C   principio
D   costo

5. Un vulcanólogo estudia los volcanes. Esto es un ejemplo de

A   las ciencias de la Tierra y el espacio.
B   las ciencias de la vida.
C   las ciencias de la computación.
D   las ciencias físicas.

Respuesta elaborada

Usa la imagen que sigue y tus conocimientos de ciencias para responder la pregunta 6. Escribe tu respuesta en una hoja aparte.

6. ¿Qué tres preguntas científicas pudieron haber hecho los creadores de esta montaña rusa cuando la diseñaron? ¿Por qué son importantes esas preguntas?

CÓMO LA BAQUELITA
moldeó el futuro

En 1907, el Dr. Leo Baekeland creó el primer plástico artificial. Lo llamó baquelita, y fue un éxito inmediato. Era resistente y no se derretía con facilidad. Se podía moldear para darle cualquier forma y en cualquier color. En esa época, cada vez más personas usaban electricidad. La baquelita no conducía electricidad, así que era un excelente material aislante. Se lo usó para fabricar enchufes eléctricos y armazones de artefactos electrónicos, como teléfonos.

Enseguida, la baquelita llegó a todas partes. Un material tan valioso y barato tenía muchos usos. Se usaba para producir desde partes de motores hasta joyas. Y eso fue sólo el comienzo.

Con el tiempo, los químicos crearon otros tipos de plástico más útiles. Actualmente, un siglo después, ¿te imaginas la vida sin plástico?

Los beneficios del plástico son evidentes. ¿Pero cuáles son las desventajas? El plástico no se descompone fácilmente en los vertederos. Tampoco se recicla con facilidad. La producción de plástico libera contaminantes químicos en el medio ambiente. Las empresas desarrollan tecnologías para resolver estos problemas, pero cuestan mucho dinero. La historia del plástico demuestra que a veces una tecnología nueva puede crear dificultades inesperadas para la sociedad.

Analízalo Trabaja con un compañero para elegir una tecnología nueva. Estudia los beneficios y las desventajas de esa tecnología. Luego, haz un análisis de costo y beneficio.

¡LA CAFEÍNA PROVOCA ALUCINACIONES!

Un nuevo estudio afirma que el equivalente a siete tazas de café por día puede hacer que las personas vean "fantasmas".

Leer entre líneas

Los titulares llaman la atención. Ése es su objetivo, que sigas leyendo. Sin embargo, a veces los titulares prometen noticias interesantes, pero el artículo no brinda datos científicos precisos.

Algunos periódicos afirmaron recientemente que la cafeína provocaba alucinaciones en las personas. Los informes citaron un estudio que demostró que las personas que tomaron siete o más tazas de café por día vieron cosas que en realidad no estaban allí.

Los periódicos publicaron los resultados del estudio porque muchas personas beben café y té, que contienen cafeína. Por lo tanto, muchas personas se interesarían por el estudio. Sin embargo, el estudio presentaba algunas fallas.

La muestra del estudio era pequeña: sólo participaron 219 personas. Además, la muestra representaba un grupo específico de personas: estudiantes universitarios. El estudio se hizo en forma de encuesta, lo cual significa que los investigadores no observaron directamente a los sujetos. Por último, los investigadores no tuvieron un grupo de control. No hubo manera de determinar si otros factores, además de la cafeína, habían afectado a los sujetos. Muchos científicos luego coincidieron en que aún se debían realizar más pruebas.

La ciencia no siempre genera noticias interesantes. La mayoría de los descubrimientos científicos suceden de a poco. Surgen como resultado de muchas pruebas que se realizan durante mucho tiempo. Por eso, debes tener cuidado con los titulares atractivos que prometen historias interesantes. Tal vez no estés leyendo información científica exacta.

Analízalo Compara artículos sobre ciencias de dos o tres fuentes de noticias. ¿Son más atractivos los titulares de una fuente? Identifica las afirmaciones científicas que contienen los artículos. Identifica la evidencia que respalda esas afirmaciones. ¿Qué fuente brinda la evidencia más clara? ¿Qué fuente se basa mayormente en opiniones y suposiciones? Crea una tabla donde se compare la manera de presentar los informes de las fuentes.

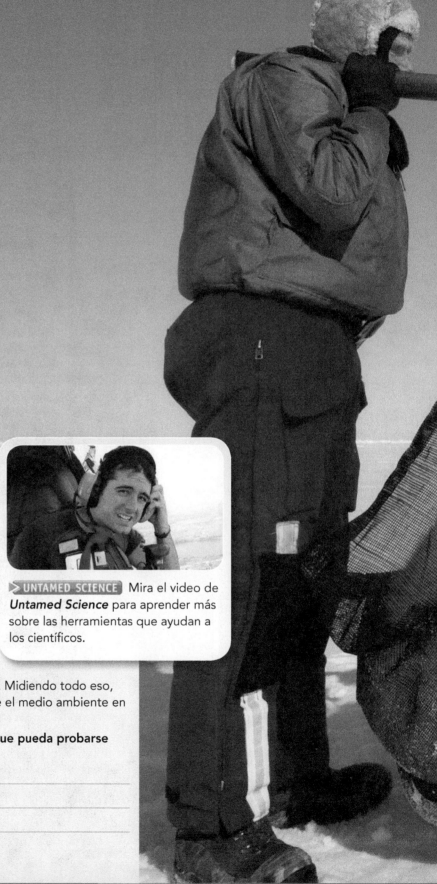

¿POR QUÉ ESTOS CIENTÍFICOS PESAN UN OSO POLAR?

PREGUNTA PRINCIPAL

¿Cuál es la importancia de las matemáticas en el trabajo de los científicos?

Los científicos pesaron esta pequeña osa polar mientras estaba dormida. También le midieron el cuerpo y el cráneo. Los científicos también tomaron las medidas de osos en todo el mar de Beaufort de Alaska. Los osos viven en la parte congelada del océano denominada hielo marino. Los científicos también miden el hielo marino para determinar cuánto se achica el hielo. Midiendo todo eso, los científicos pueden deducir el efecto que tiene el medio ambiente en los osos.

▶ **UNTAMED SCIENCE** Mira el video de **Untamed Science** para aprender más sobre las herramientas que ayudan a los científicos.

Desarrolla hipótesis Escribe una hipótesis que pueda probarse con las mediciones de estos científicos.

_____

_____

_____

Las herramientas de la ciencia

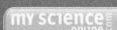

CAPÍTULO 3

Verifica tu comprensión

1. Preparación Lee el párrafo siguiente y luego responde la pregunta.

Emilia estudió mucho para su investigación de laboratorio de ciencias. Emilia estaba preocupada porque su investigación era **compleja**. Había obtenido buenas calificaciones todo el año y quería mantener esa **tendencia**. Emilia también quería usar su informe de laboratorio como una **muestra** de su trabajo en ciencias.

Una cosa **compleja** tiene muchas partes.

Una **tendencia** es la dirección general hacia donde suele ir algo.

Una **muestra** es una parte de algo que se usa para representar un todo.

- ¿Por qué prepararse ayudaría a Emilia a mantener sus buenas calificaciones?

_____

_____

> **MY READING WEB** Si tuviste dificultades para responder la pregunta anterior, visita **My Reading Web** y escribe **The Tools of Science.**

Destreza de vocabulario

Identificar significados múltiples Algunas palabras tienen más de un significado. En la tabla siguiente encontrarás una lista de palabras con significados múltiples que se usan en ciencias y en la vida cotidiana.

Palabra	Significado cotidiano	Significado científico
media	(*adj.*) la mitad de algo **Ejemplo:** Hoy comí *media* manzana.	(*s.*) promedio numérico **Ejemplo:** La *media* de 11, 7, 5 y 9 es 8.
volumen	(*s.*) intensidad del sonido **Ejemplo:** Sube el *volumen* para que escuchemos la canción.	(*s.*) cantidad de espacio que ocupa un objeto o una sustancia **Ejemplo:** Anota el *volumen* que ocupa el agua en el cilindro graduado.

2. Verificación rápida En la tabla anterior, encierra en un círculo el significado de la palabra *volumen* que se usa en esta oración.

- El *volumen* del jugo que hay en el recipiente es 1.89 litros.

densidad

exactitud

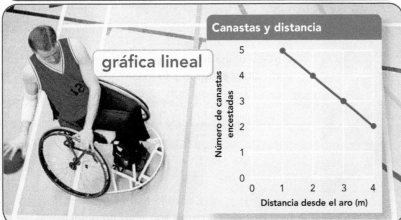

gráfica lineal

Canastas y distancia

Número de canastas encestadas (eje y): 0–5
Distancia desde el aro (m) (eje x): 0–4

símbolos de seguridad

Vistazo al capítulo

LECCIÓN 1
- sistema métrico • SI
- masa • peso • volumen
- menisco • densidad
- Compara y contrasta
- Mide

LECCIÓN 2
- estimación • exactitud
- precisión • cifras significativas
- error porcentual • media
- mediana • moda • rango
- datos anómalos
- Relaciona causa y efecto
- Calcula

LECCIÓN 3
- gráfica • gráfica lineal
- gráfica no lineal
- Relaciona el texto y los elementos visuales
- Predice

LECCIÓN 4
- modelo • sistema • entrada
- proceso • salida • retroalimentación
- Identifica la idea principal
- Haz modelos

LECCIÓN 5
- símbolo de seguridad
- campo
- Resume
- Observa

> VOCAB FLASH CARDS Para obtener más ayuda con el vocabulario, visita *Vocab Flash Cards* y escribe *The Tools of Science.*

LECCIÓN

1

Medidas:
Un lenguaje en común

DESCUBRE LA PREGUNTA PRINCIPAL

🔑 ¿Por qué los científicos usan un sistema de medidas estándar?

🔑 ¿Cuáles son algunas de las unidades de medida del SI?

mi DiaRio DeL planeta

Medidas extremas

Mira estas asombrosas medidas de animales.

- La mariposa alas de pájaro tiene una envergadura de 30 centímetros.
- Una jirafa recién nacida mide 1.8 metros de altura.
- Cuando una ballena azul espira, el chorro que sale de su orificio nasal puede alcanzar los 9 metros de altura.
- El ojo del calamar colosal tiene un diámetro de aproximadamente 28 centímetros.
- La masa del escarabajo rinoceronte es apenas 20 gramos, pero puede levantar 850 veces su propia masa.
- Un huevo de colibrí tiene una masa de aproximadamente medio gramo, mientras que un huevo de avestruz tiene una masa de aproximadamente 1,500 gramos.

Huevo de avestruz

DATOS CURIOSOS

Lee estas preguntas. Escribe tus respuestas en el espacio que sigue.

1. ¿Qué problemas podría haber si algunos científicos midieran la longitud en pulgadas y otros, en centímetros?

_____

_____

_____

2. ¿Qué unidades de medida usarías para medir tu estatura y tu masa?

_____

_____

_____

_____

> PLANET DIARY Consulta *Planet Diary* para aprender más en inglés sobre las medidas.

Zona de laboratorio® Haz la Indagación preliminar *La historia de las medidas.*

Huevos de colibrí

Vocabulario

- sistema métrico • SI • masa • peso
- volumen • menisco • densidad

Destrezas

Lectura: Compara y contrasta

Indagación: Mide

¿Por qué los científicos usan un sistema de medidas estándar?

Es importante que haya medidas estándar. Sin ellas, los cocineros usarían puñados y pizcas en lugar de tazas y cucharadas.

Los científicos también usan medidas estándar. Estas medidas hacen posible que los científicos de todas partes puedan repetir un experimento. En la década de 1790, en Francia, los científicos crearon el sistema métrico. El **sistema métrico** es un sistema de medidas basado en el número 10. Hoy en día, los científicos usan una versión del sistema métrico que se denomina Sistema Internacional de Unidades o **SI** (del francés, *Système International d'Unités*). **El uso del SI como el sistema de medidas estándar permite a los científicos comparar datos e intercambiar opiniones sobre sus resultados.** La **ilustración 1** muestra los prefijos que se usan en el SI de medidas.

ILUSTRACIÓN 1
VIRTUAL LAB Prefijos del SI
Las unidades del SI son parecidas a nuestras unidades de dinero, ya que una moneda de diez centavos equivale a diez monedas de un centavo.

✎ **Completa las actividades que siguen.**

1. **Nombra** En la tabla de la derecha, completa la columna de Ejemplo.

2. **Calcula** ¿Cuántas veces más es un *kilo-* que un *deca-*?

_____
_____

Prefijos comunes del SI

Prefijo	Significado	Ejemplo
kilo- (k)	1,000	_____
hecto- (h)	100	_____
deca- (da)	10	decámetro
sin prefijo	1	metro
deci- (d)	0.1 (una décima)	_____
centi- (c)	0.01 (una centésima)	_____
mili- (m)	0.001 (una milésima)	_____

Zona laboratorio Haz la Actividad rápida de laboratorio ¿*Cuántos zapatos?*

📧 Evalúa tu comprensión

¿comprendiste? ....

O **¡Comprendí!** Ahora sé que los científicos usan un sistema de medidas estándar para _____
_____

O **Necesito más ayuda con** _____

Consulta my science ⬤ COACH *en línea para obtener ayuda en inglés sobre este tema.*

¿Cuáles son algunas de las unidades de medida del SI?

Por lo general, los científicos miden atributos como la longitud, la masa, el volumen, la densidad, la temperatura y el tiempo. Cada uno de estos atributos se mide en una unidad distinta del SI.

Longitud La longitud es la distancia entre un punto y otro. 🔑 **En el SI, la unidad básica para medir la longitud es el metro (m).** Muchas distancias se pueden medir en metros. Por ejemplo, puedes medir en metros un tiro de softball o tu estatura. Un metro es aproximadamente la distancia que hay entre el piso y el picaporte de una puerta. Una de las herramientas que se usan para medir la longitud es la regla métrica.

Para medir longitudes más pequeñas que un metro, puedes usar los centímetros (cm) o los milímetros (mm). Por ejemplo, la longitud de esta página es aproximadamente 28 centímetros. Para medir una distancia mayor, como la distancia entre ciudades, se usa una unidad denominada kilómetro (km). En la tabla de la izquierda se muestra cómo convertir distintas unidades métricas de longitud. Practica midiendo el caparazón de la tortuga de la **ilustración 2**.

Conversiones de longitud

1 km	=	1,000 m
1 m	=	100 cm
1 m	=	1,000 mm
1 cm	=	10 mm

ILUSTRACIÓN 2 ···

Medir la longitud

Para usar una regla métrica, debes alinear un extremo de un objeto con la marca del cero. Luego lee el número que coincide con el otro extremo del objeto.

✏️ **Usa la regla para medir la longitud del caparazón de la tortuga y anótalo arriba de la flecha. Luego, en un grupo pequeño, completa la actividad que sigue.**

1. 🔺 Mide **Mide el ancho de una moneda de un centavo y una moneda de diez centavos en milímetros.**

_____

2. Calcula **Convierte de milímetros a centímetros el ancho de cada moneda.**

_____

_____

_____

Longitud =

Las marcas de los centímetros son las líneas más largas. Cada centímetro está dividido en 10 milímetros, que están marcados con las líneas más cortas.

cm | 1 2 3 4 5 6 7 8 9 10 11 12 13 14 15 16 17 18 19

Masa Para medir la masa, se usa una balanza como la de la **ilustración 3**. La **masa** es la medida de la cantidad de materia que hay en un cuerpo. Las balanzas comparan la masa de un cuerpo determinado con una masa conocida. 🔑 **En el SI, la unidad básica para medir la masa es el kilogramo (kg).** La masa de los automóviles, las bicicletas y las personas se mide en kilogramos. Si quieres medir masas mucho más pequeñas, puedes usar gramos (g) o miligramos (mg). En la tabla de la derecha se muestra cómo convertir kilogramos, gramos y miligramos.

A diferencia de la masa, el **peso** es la medida de la fuerza de gravedad que actúa sobre un cuerpo. Para medir el peso se usa una báscula. Cuando te paras sobre una báscula en la Tierra, la gravedad te atrae hacia abajo, lo que hace que se compriman los resortes que están dentro de la báscula. Cuanto mayor es tu peso, más se comprimen los resortes. En la Luna, la fuerza de gravedad es menor que en la Tierra. Por lo tanto, los resortes de la báscula no se comprimirían tanto en la Luna como en la Tierra. A diferencia de lo que sucede con el peso, tu masa en la Luna es igual que en la Tierra.

Conversiones de masa		
1 kg	=	1,000 g
1 g	=	1,000 mg

✏️ **◑ Compara y contrasta**
Consulta la tabla para comparar y contrastar la masa y el peso.

Semejanzas	Diferencias

ILUSTRACIÓN 3 ....
Medir la masa
Para medir la masa se puede usar una balanza de triple brazo.

✏️ **Mide Lee la balanza para hallar la masa de la tortuga. Anota tu respuesta en gramos y luego en miligramos.**

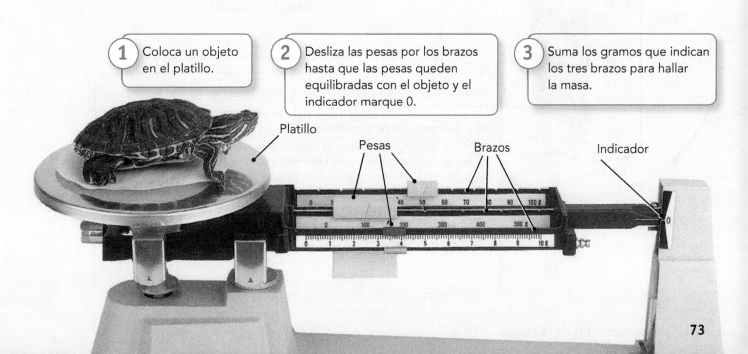

1 Coloca un objeto en el platillo.

2 Desliza las pesas por los brazos hasta que las pesas queden equilibradas con el objeto y el indicador marque 0.

3 Suma los gramos que indican los tres brazos para hallar la masa.

Platillo

Pesas

Brazos

Indicador

73

Volumen

En lugar de medir tu jugo, sólo miras hasta dónde has llenado el vaso. El **volumen** es la cantidad de espacio que ocupa un cuerpo o una sustancia. 🔑 **En el SI, la unidad básica para medir el volumen es el metro cúbico (m³).** Otras unidades son el litro (L) y el centímetro cúbico (cm3). Los metros o los centímetros cúbicos se usan para medir el volumen de los sólidos. El litro se usa generalmente para medir el volumen de los líquidos. En la tabla verde se muestra cómo convertir estas unidades.

ILUSTRACIÓN 4 ···

El volumen de líquidos, sólidos rectangulares y sólidos irregulares

Para medir el volumen de líquidos y sólidos rectangulares, se usan distintos métodos.

✎ **Completa la actividad de esta página. Luego sigue los pasos necesarios para medir el volumen de un sólido irregular en la página siguiente.**

Explica En los recuadros, halla el volumen del líquido y de la caja de cereales. Explica cuál de los dos tiene más volumen en el espacio que sigue.

_____

_____

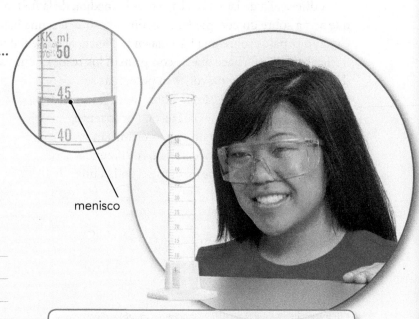

menisco

25 cm

6 cm   20 cm

El volumen de los líquidos

Seguramente ya conoces el litro porque has visto botellas de 1 litro y de 2 litros. Pero puedes medir volúmenes más pequeños de líquidos en mililitros (mL). Un litro tiene 1,000 mililitros. Para medir el volumen de un líquido, debes leer el nivel que está debajo del **menisco,** o superficie curva. ¿Cuál es el volumen de este líquido?

_____

El volumen de los sólidos rectangulares

Los cuerpos sólidos pequeños se miden en centímetros cúbicos (cm³). Un cubo con lados de 1 centímetro tiene un volumen de 1 centímetro cúbico. Los cuerpos sólidos que tienen un volumen más grande se miden en metros cúbicos (m³). Un metro cúbico equivale al volumen de un cubo con lados de 1 metro. Para calcular el volumen de un cuerpo sólido rectangular, debes multiplicar la longitud por el ancho por la altura. Cuando usas esta fórmula, debes usar las mismas unidades para todas las medidas. ¿Cuál es el volumen de la caja de cereales?

_____

El volumen de los sólidos irregulares

Imagínate que quieres medir el volumen de una roca. Por su forma irregular, no puedes medir la longitud, el ancho ni la altura de la roca. Pero puedes usar el método de desplazamiento que se muestra en esta página. Para usar este método, debes sumergir el objeto en agua y medir cuánto sube el nivel del agua.

¿sabías que...?

Los deportistas pueden medir el volumen de su cuerpo para calcular la densidad, y así determinar el porcentaje de grasa corporal. Un método para medir el volumen del cuerpo de un deportista consiste en colocar a la persona en una cámara de vacío para calcular el desplazamiento de aire que produce.

1 Llena un cilindro graduado con aproximadamente dos tercios de agua.

¿Cuál es el volumen del agua en el cilindro graduado?

_____

2 Coloca el cuerpo en el agua.

¿Cuál es el volumen del agua con el cuerpo sumergido?

_____

3 Halla el volumen del cuerpo restando el volumen del agua sola del volumen del agua con el cuerpo sumergido.

¿Cuál es el volumen del cuerpo?

_____

Densidad

Observa la **ilustración 5.** Dos cuerpos del mismo tamaño pueden tener distintas masas. La razón es porque distintos materiales tienen distintas densidades. La **densidad** es la medida de la masa que tiene un volumen dado.

Las unidades de densidad Como la densidad está dada por dos medidas, la masa y el volumen, la densidad de un cuerpo se expresa como la relación que hay entre dos unidades. 🔑 **En el SI, la unidad básica para medir la densidad es kilogramos por metro cúbico (kg/m³).** Otras unidades de densidad son gramos por centímetro cúbico (g/cm3) y gramos por mililitro (g/mL).

ILUSTRACIÓN 5 ••

Comparar densidades

La bola del juego de bolos y la pelota playera tienen el mismo volumen pero no tienen la misma masa.

✏️ **Formula definiciones prácticas Usa esta información para decidir qué cuerpo tiene mayor densidad. Explica tu respuesta en función del volumen y la masa.**

_____

_____

_____

¡Usa las matemáticas!

Calcular la densidad

La densidad de un cuerpo es la masa del cuerpo dividida entre el volumen. Para hallar la densidad de un cuerpo, debes usar la siguiente fórmula.

$$\text{Densidad} = \frac{\text{masa}}{\text{volumen}}$$

1 Calcula Halla la densidad de un pedazo de metal que tiene una masa de 68 g y un volumen de 6 cm³.

_____

2 Predice Imagínate que un pedazo de metal tiene la misma masa que el metal de la pregunta 1, pero un volumen mayor. ¿En qué se diferencian la densidad de este metal y la del metal de la pregunta 1?

_____

_____

_____

La densidad de las sustancias En la tabla de la **ilustración 6** se enumeran las densidades de algunas de las sustancias más comunes. La densidad de una sustancia pura es igual en todas las muestras de esa sustancia. Por ejemplo, todas las muestras de oro puro, sin importar si son grandes o pequeñas, tienen una densidad de 19.3 g/cm³.

Una vez que conoces la densidad de un cuerpo, puedes determinar si el cuerpo flotará en un líquido determinado. Un cuerpo flota si es menos denso que el líquido que lo rodea. Por ejemplo, la densidad del agua es 1 g/cm3. Un trozo de madera con una densidad de 0.8 g/cm3 flota en el agua. Un anillo de plata pura, que tiene una densidad de 10.5 g/cm3, se hunde.

ILUSTRACIÓN 6 ···

Un experimento con la densidad

Conocer la densidad de un cuerpo te ayuda a predecir si el cuerpo flotará y a identificar de qué está hecho ese cuerpo.

✎ **Completa las actividades que siguen.**

1. **Infiere** Un cuerpo tiene una densidad de 0.7 g/cm³. ¿Crees que flota o se hunde en el agua? Explica tu respuesta.

_____

_____

2. **Diseña experimentos** Usa tus conocimientos de la densidad y los instrumentos de medición para describir los pasos que podrías seguir para determinar si una barra de metal es de oro. Escribe tu procedimiento en el cuaderno.

Densidades de algunas sustancias comunes

Sustancia	Densidad (g/cm3)
Aire	0.001
Hielo	0.9
Agua	1.0
Aluminio	2.7
Oro	19.3

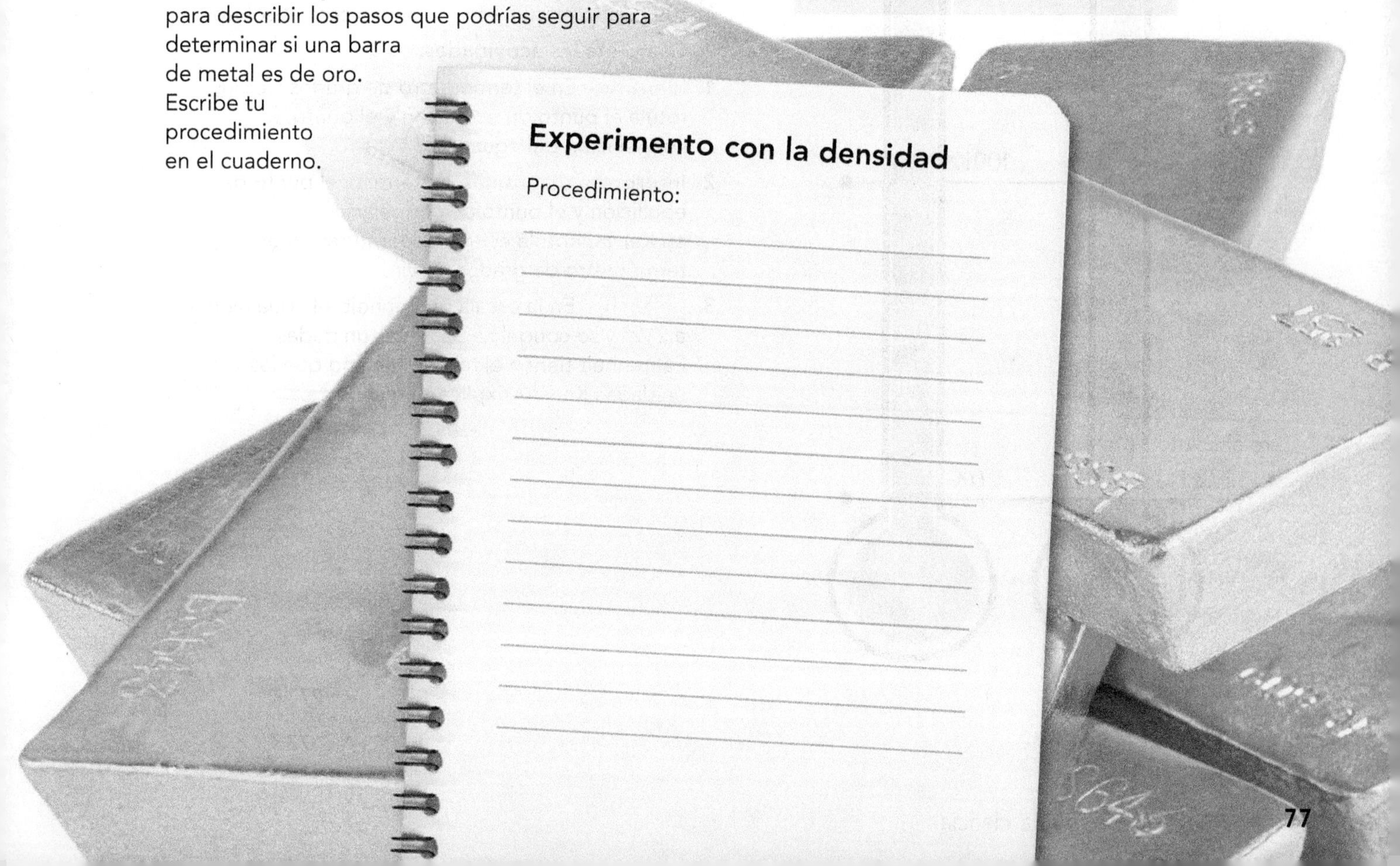

Experimento con la densidad

Procedimiento:

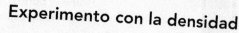

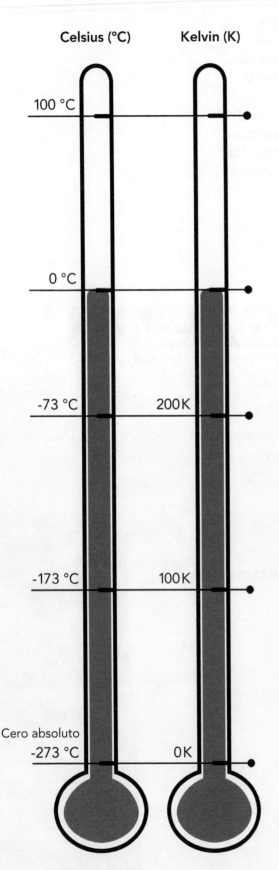

Celsius (°C)   Kelvin (K)

100 °C

0 °C

-73 °C   200 K

-173 °C   100 K

Cero absoluto
-273 °C   0 K

La temperatura
¿Hace frío afuera esta mañana? ¿Cuánto subirá la temperatura? Seguramente usas las medidas de temperatura con mucha frecuencia en tu vida diaria. Los científicos también.

Los científicos normalmente usan la escala Celsius para medir la temperatura. En la escala Celsius, el punto de congelación del agua es 0 °C y el punto de ebullición es 100 °C. 🔑 **Además de la escala Celsius, los científicos a veces usan otra escala de temperatura, denominada escala Kelvin. En realidad, el grado kelvin (K) es la unidad oficial del SI para medir la temperatura.** La escala Kelvin es útil en ciencias porque no tiene números negativos. Como muestra la **ilustración 7,** las unidades de la escala Kelvin tienen el mismo tamaño que las unidades Celsius. La tabla de abajo muestra cómo convertir grados Celsius en Kelvin.

Para medir la temperatura se usa el termómetro. Cuando colocas en una sustancia un termómetro que contiene líquido, el volumen del líquido aumenta o disminuye. Por lo tanto, el nivel del líquido sube o baja. Para leer el termómetro, debes esperar hasta que el nivel deje de cambiar y luego lees el número que está junto al nivel de líquido del termómetro.

ILUSTRACIÓN 7 ···
Escalas de temperaturas
El cero en la escala Kelvin (0 K) es la temperatura más fría que puede existir, y se denomina cero absoluto.

✏️ **Completa las actividades.**

1. **Identifica** En el termómetro de grados Celsius, rotula el punto de ebullición y el punto de congelación del agua.

2. **Interpreta diagramas** Determina el punto de ebullición y el punto de congelación del agua en Kelvin. Rotula estas temperaturas en el termómetro de grados Kelvin.

3. [DESAFÍO] En la escala Fahrenheit, el agua hierve a 212° y se congela a 32°. ¿Las unidades Fahrenheit tienen el mismo tamaño que las unidades Kelvin? Explica tu respuesta.

_____

_____

Conversiones de temperatura

0 °C	=	273 K
100 °C	=	373 K

El tiempo Te esfuerzas por correr aún más rápido cuando distingues la línea de llegada, pero un competidor te está alcanzando. Un solo segundo puede marcar la diferencia entre ganar y perder. ¿Qué es un segundo?

El segundo (s) es la unidad del SI que se usa para medir el tiempo. Como todas las demás unidades del SI, el segundo está dividido en unidades más pequeñas basadas en el número 10. Por ejemplo, un milisegundo (ms) es una milésima de segundo. Para períodos más largos se usan los minutos o las horas. Un minuto tiene 60 segundos, y una hora tiene 60 minutos.

Para medir el tiempo se usan relojes de pared y relojes pulsera. Algunos relojes son más exactos que otros. La mayoría de los cronómetros digitales miden el tiempo con la exactitud a la centésima de segundo, como muestra la **ilustración 8.** Los instrumentos que se usan en las competencias olímpicas miden el tiempo a una milésima de segundo o incluso con mayor exactitud.

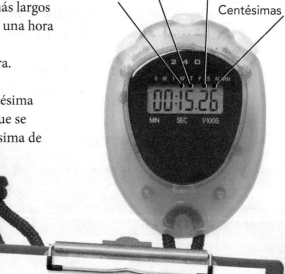

Decenas Unidades Décimas Centésimas

ILUSTRACIÓN 8 ·······························
Ya es hora
Este cronómetro midió el mejor tiempo de Jessie en una carrera escolar.

✏️ **Anota el tiempo de Jessie en la tabla y luego completa la actividad.**

Interpreta tablas **En la última columna, anota el orden en que terminaron los corredores.**

Corredor	Tiempo	Lugar
George	00:15.74	
Sara	00:26.78	
Saul	00:20.22	
Jessie		

Zona de laboratorio ® Haz la Actividad rápida de laboratorio
Medir longitudes con el sistema métrico.

🔑 Evalúa tu comprensión

1a. Identifica ¿Qué instrumento usarías para medir la masa de una pelota de béisbol?

_____

_____

b. Sigue la secuencia ¿Qué pasos seguirías para determinar la densidad de una pelota de béisbol?

_____

_____

_____

_____

¿comprendiste?

○ **¡Comprendí!** Ahora sé que las unidades básicas de medida del SI son _____

_____

_____

_____

○ Necesito más ayuda con _____

Consulta MY SCIENCE 🔵 COACH en línea para obtener ayuda en inglés sobre este tema.

Matemáticas y ciencias

🔑 **¿Qué destrezas matemáticas usan los científicos?**

🔑 **¿Qué herramientas matemáticas usan los científicos?**

mi DiaRiO DeL PLaneTa

Medir los terremotos

Tiembla el suelo, se sacuden las ventanas, caen escombros y las calles están llenas de personas que gritan. Así es como generalmente describen los terremotos los medios de comunicación. Pero no todos los terremotos causan tanto caos ni tanta destrucción. Algunos son tan pequeños que ni siquiera se sienten. Como hay terremotos en todo el mundo, los científicos deben usar un sistema universal de medidas para compararlos. Para los grandes terremotos, usan una medida conocida como escala de magnitud de momento. A medida que aumenta el número en la escala, también aumenta la intensidad del terremoto. Hasta ahora, el terremoto más grande que se registró ocurrió en Chile en 1960 y marcó 9.5 en la escala de magnitud de momento.

DESCUBRIMIENTO

Comunica ideas Comenta estas preguntas con un compañero. Escribe tus respuestas en el espacio que sigue.

¿Qué sabes sobre los terremotos? ¿Cómo puedes protegerte durante un terremoto?

_____

_____

_____

_____

_____

> **PLANET DIARY** Consulta **Planet Diary** para aprender más en inglés sobre las matemáticas y las ciencias.

Zona de laboratorio Haz la Indagación preliminar *¿Cuántas canicas hay?*

Vocabulario

- estimación • exactitud • precisión
- cifras significativas • error porcentual • media
- mediana • moda • rango • datos anómalos

Destrezas

Lectura: Relaciona causa y efecto

Indagación: Calcula

¿Qué destrezas matemáticas usan los científicos?

Los científicos usan las matemáticas todos los días con distintos objetivos, desde hacer mediciones hasta recopilar datos. **Las destrezas matemáticas que usan los científicos para recopilar datos son, entre otras, la estimación, la exactitud, la precisión y las cifras significativas.**

Estimación Una **estimación** es la aproximación de un número basada en conjeturas razonables. Estimar no es adivinar. La estimación siempre se basa en información conocida. Es muy común que los científicos se basen en estimaciones cuando no pueden obtener números exactos. Sus estimaciones pueden estar basadas en mediciones indirectas, cálculos y modelos. Por ejemplo, los científicos pueden estimar la distancia entre las estrellas basándose en mediciones indirectas porque no pueden medir la distancia directamente. Otras estimaciones pueden estar basadas en una muestra.

¡Usa las matemáticas!

La estimación

Estimar una cantidad a partir de una muestra es una manera rápida de determinar el número total de aves que hay en esta foto.

1 **Interpreta fotos** ¿Cuántas aves hay en el recuadro amarillo? Este número es tu muestra.

_____

2 **Explica** ¿Por qué número debes multiplicar la muestra para hallar la estimación del número total de aves en toda el área? Explica tu respuesta.

_____

_____

_____

3 **Estima** Calcula una estimación del número total de aves. Muestra tu trabajo.

_____

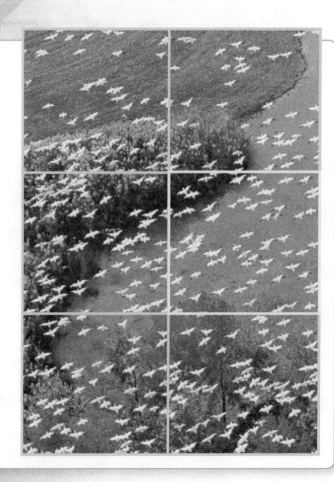

La exactitud y la precisión

Por lo general, se usan las palabras *exactitud* y *precisión* para describir la misma idea. Pero en ciencias, tienen distintos significados. **Exactitud** significa cuán cerca está una medida del valor verdadero o aceptado. **Precisión** significa cuán cerca se encuentran un grupo de medidas entre sí.

¿Cómo puedes asegurarte de que una medida sea exacta y precisa? Primero, debes usar un instrumento de medición de buena calidad. Segundo, debes medir con mucho cuidado. Y por último, debes repetir la medición varias veces. Si la medida que obtuviste es siempre la misma, entonces puedes decir que es fiable. Una medida fiable es exacta y precisa. Observa la **ilustración 1**.

ILUSTRACIÓN 1 ·····················

Exactitud y precisión

Si en un juego de dardos, los dardos se clavan cerca del centro del blanco, los tiros fueron exactos. Si los dardos se clavan cerca unos de los otros, los tiros fueron precisos.

✏️ **Aplica conceptos** Dibuja puntos en los tableros C y D para mostrar las situaciones que se describen.

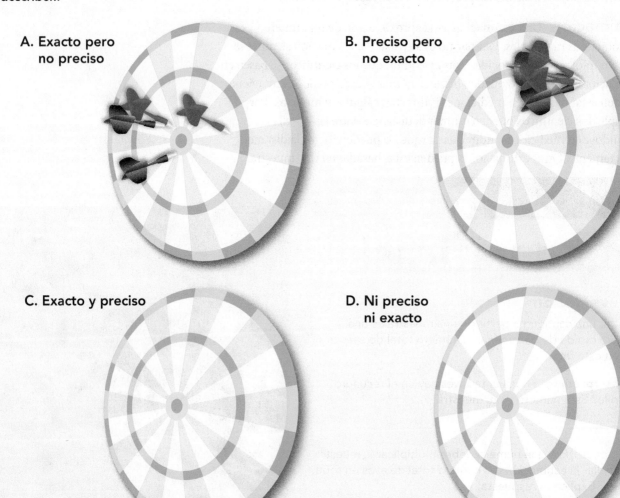

A. Exacto pero no preciso

B. Preciso pero no exacto

C. Exacto y preciso

D. Ni preciso ni exacto

Las cifras significativas

Las cifras significativas demuestran cuán precisas son las medidas. Las **cifras significativas** de una medida son todos los dígitos que se han medido con exactitud, más un dígito cuyo valor se ha estimado. Si la medición tiene un solo dígito, debes tomarla como una estimación. Usa la **ilustración 2** para aprender más sobre las cifras significativas.

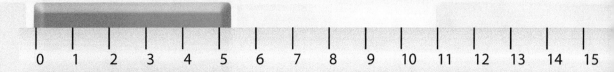

0 1 2 3 4 5 6 7 8 9 10 11 12 13 14 15

Sumar o restar medidas

Cuando sumas o restas medidas, el resultado sólo puede tener tantos lugares después del punto decimal como tiene la medida con la menor cantidad de lugares después del punto decimal. Por ejemplo, imagínate que agregas un azulejo que mide 5.3 centímetros de largo a una fila de azulejos que mide 21.94 centímetros de largo. Halla la nueva longitud de la fila.

   21.94 cm (2 lugares después del decimal)
+ 5.3 cm (1 lugar después del decimal)
   27.24 cm ⟶ 27.2 cm (1 lugar después del decimal)

Si quitas un azulejo que mide 5.3 centímetros de largo de una fila de azulejos que mide 21.94 centímetros de largo, ¿cuál es la nueva longitud de la fila? ¿Cuántas cifras significativas hay en esta medida?

_____

_____

ILUSTRACIÓN 2 ···

Cifras significativas

Imagínate que estás colocando azulejos en un baño. Puedes estimar que el azulejo mide 5.3 cm de largo. La medida 5.3 cm tiene dos cifras significativas, o cif sig. Estás seguro del 5, pero estimaste el 3.

✎ **Calcula** **Lee sobre sumar, restar y multiplicar medidas. Luego completa las actividades de los recuadros.**

Multiplicar medidas

Cuando multiplicas medidas, el resultado sólo debe tener tantas cifras significativas como tiene la medida con la menor cantidad de cifras significativas. Por ejemplo, imagínate que debes hallar el área de un espacio que mide 2.25 metros por 3 metros.

  2.25 m (3 cif sig)
× 3 m (1 cif sig)
  6.75 m² ⟶7 m² (1 cif sig)

Halla el área de un espacio que mide 4.4 metros por 2 metros. ¿Cuántas cifras significativas hay en esta medida?

_____

_____

 Zona de laboratorio Haz la Actividad rápida de laboratorio *Tomar buenas medidas.*

🔑 Evalúa tu comprensión

1a. Repasa ¿Qué destreza de matemáticas usan los científicos cuando no pueden obtener números exactos?

_____

b. Interpreta datos La pared de la habitación de Lía mide 3.7 metros por 2.45 metros. ¿Cuántas cifras significativas hay en la medida de esta área? Explica tu respuesta.

_____

_____

¿comprendiste?

○ **¡Comprendí!** Ahora sé que algunas de las destrezas matemáticas que usan los científicos para recopilar datos son _____

_____

_____

○ Necesito más ayuda con _____

Consulta my science ⬢ coach *en línea para obtener ayuda en inglés sobre este tema.*

¿Qué herramientas matemáticas usan los científicos?

Las matemáticas son muy útiles tanto para analizar datos como para recopilarlos. **Los científicos usan ciertas herramientas matemáticas para analizar datos. Algunas de estas herramientas son calcular el error porcentual; hallar la media, la mediana, la moda y el rango; y verificar si los datos son razonables.**

El error porcentual Generalmente, los científicos realizan mediciones que ya tienen valores aceptados. Por ejemplo, el valor aceptado, o verdadero, de la densidad del cobre es 8.92 g/cm3. Imagínate que mides la masa y el volumen de una muestra de cobre y calculas una densidad de 9.37 g/cm3. Sabes que tu cálculo no es exacto, pero ¿por cuánto? Calcular el **error porcentual** es una forma de determinar cuán exacto es un valor experimental. Un error porcentual bajo significa que el resultado que obtuviste fue exacto. Por el contrario, un error porcentual alto significa que tu resultado no fue exacto. Puede que el resultado no sea exacto porque no mediste con cuidado o porque tu instrumento de medición tenía alguna falla.

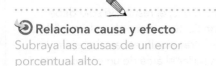

→ **Relaciona causa y efecto**
Subraya las causas de un error porcentual alto.

¡Usa las matemáticas! Ejemplo de problema

Error porcentual

La densidad experimental del cobre es 9.37 g/cm³. El valor verdadero es 8.92 g/cm³. Para calcular el error porcentual, usa la siguiente fórmula y sustituye los valores.

$$\text{Error porcentual} = \frac{\text{Diferencia entre el valor experimental y el valor verdadero}}{\text{valor verdadero}} \times 100\%$$

$$\%E = \frac{9.37 \text{ g/cm}^3 - 8.92 \text{ g/cm}^3}{8.92 \text{ g/cm}^3} \times 100\%$$

El error porcentual en el cálculo de la densidad del cobre fue el 5.04%.

❶ **Calcula** Imagínate que mides la densidad de un anillo de plata, y tu medición da 11.2 g/cm³, pero sabes que el valor verdadero de la densidad de la plata es 10.5 g/cm³. Halla el error porcentual de la densidad que mediste.

_____

_____

_____

❷ **DESAFÍO** ¿Cuáles son las dos posibles fuentes de error cuando se miden la masa y el volumen de una muestra?

_____

_____

_____

Media, mediana, moda y rango

Mientras caminas de noche por una playa, ves una tortuga marina que pone huevos en la arena. Empiezas a pensar en los nidos de tortuga marina. ¿Cuál es el número promedio de huevos en un nido? ¿Cuál es el rango de huevos en un grupo de nidos? Los científicos también se hacen estas preguntas. Sus respuestas surgen del análisis de datos. Usa la **ilustración 3** para analizar los datos sobre los huevos de tortuga marina.

Media La **media** es el promedio numérico de un conjunto de datos. Para hallar la media, debes sumar los números del conjunto de datos y luego dividir el resultado entre el número total de datos que sumaste.

Halla la media de los datos sobre los huevos.

Mediana La **mediana** es el número del medio de un conjunto de datos. Para hallar la mediana, debes hacer una lista de todos los números ordenados de menor a mayor. La mediana es el número que está en el medio de la lista. Si la lista tiene una cantidad impar de números, debes sumar los dos números del medio y dividirlos entre dos para hallar la mediana.

Halla la mediana de los datos sobre los huevos.

Moda La **moda** es el número que aparece con más frecuencia en una lista de números.

Halla la moda de los datos sobre los huevos

Rango El **rango** es la diferencia entre el mayor y el menor valor de un conjunto de datos.

Halla el rango de los datos sobre los huevos.

ILUSTRACIÓN 3 ••••••••••••••••••••
Datos sobre los huevos de tortuga marina

Puedes usar las matemáticas para analizar los datos que se muestran en la tabla siguiente sobre el número de huevos de tortuga marina que hay en siete nidos.

✎ **Calcula** Completa los recuadros con la media, la mediana, la moda y el rango de los datos sobre las tortugas marinas.

Nido	Número de huevos
A	110
B	102
C	94
D	110
E	107
F	110
G	109

85

Tortugas marinas que anidan en la playa

Día	Tortugas
Día 1	7
Día 2	7
Día 3	8
Día 4	7
Día 5	2

ILUSTRACIÓN 4 ·······························

Datos reunidos

En el día 5, sólo hay dos tortugas en la playa.

✏️ **Analiza resultados experimentales**
Describe una variable desconocida que podría haber afectado a los datos.

_____

_____

_____

Datos razonables y datos anómalos Un aspecto importante del análisis de cualquier conjunto de datos es preguntarse: "¿Son razonables estos datos? ¿Tienen sentido?". Por ejemplo, imagínate que un científico que estudia las tortugas marinas toma la temperatura del agua del océano todas las noches, durante cinco noches. Sus datos para las primeras cuatro noches son 26 °C, 23 °C, 25 °C y 24 °C. La última noche, el científico pide a un estudiante que realice la medición. El estudiante anota 81 en el libro de registro.

¿Es razonable ese dato? La lectura del día 5 es muy distinta. Las variaciones en la temperatura del océano tienen sentido, dentro de un rango pequeño. Pero no es normal que la temperatura del océano suba 57 °C en un solo día, de 24 °C a 81 °C. Estos 81 °C no coinciden con los otros datos. La información que no encaja con los otros datos de un conjunto de datos son **datos anómalos.** En este caso, los datos anómalos tienen una explicación sencilla. El estudiante midió en °F en lugar de °C. A veces, preguntarse si los datos son razonables permite descubrir fuentes de error o variables desconocidas. Investigar la causa de los datos anómalos puede llevar a descubrimientos nuevos.

EXPLORA LA PREGUNTA PRINCIPAL

TERRITORIO DE TORTUGAS

¿Cuál es la importancia de las matemáticas en el trabajo de los científicos?

PIENSA COMO UN CIENTÍFICO

ILUSTRACIÓN 5 ··

> **INTERACTIVE ART** Los científicos usan las matemáticas para responder la pregunta "¿Cómo y por qué cambia el número de nidos de tortugas marinas en la Florida?".

✎ Diseña experimentos **Responde las siguientes preguntas.**

El color verde pálido del mapa muestra las áreas donde comúnmente anidan las tortugas verdes en la Florida.

1 ¿Cómo recopilarías datos exactos y precisos sobre los nidos de tortuga?

_____
_____
_____

2 ¿Qué propiedades de los nidos medirías?

_____
_____
_____
_____
_____

3 ¿Por qué un huracán en la Florida podría generar datos anómalos sobre los nidos?

_____
_____
_____

4 ¿Cómo podrías estimar el número total de nidos que hay en la Florida?

_____
_____
_____
_____

 Zona de laboratorio® Haz la Actividad rápida de laboratorio ¿Qué tan cerca?

🔑 Evalúa tu comprensión

2a. Describe ¿Por qué es importante para los científicos calcular el error porcentual?

_____
_____

b. RESPONDE LA PREGUNTA PRINCIPAL ¿Cuál es la importancia de las matemáticas en el trabajo de los científicos?

_____
_____
_____
_____

¿comprendiste? ·····································

○ **¡Comprendí!** Ahora sé que algunas herramientas matemáticas que los científicos usan para analizar datos son _____

_____
_____
_____

○ Necesito más ayuda con _____

Consulta **MY SCIENCE ⑤ COACH** en línea para obtener ayuda en inglés sobre este tema.

Gráficas en ciencias

🔑 **¿Qué tipo de datos se muestran en las gráficas lineales?**

🔑 **¿Por qué las gráficas lineales son herramientas muy útiles?**

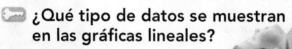

mi Diario Del planeta

ESTADÍSTICAS CIENTÍFICAS

Datos sobre los desechos y el reciclaje

Estos datos muestran la cantidad de desechos generados y los recuperados después del reciclaje por persona, por cada año que se enumera.

- 1980: se generó aproximadamente 1.68 kg de desechos, y se recuperó cerca de 0.16 kg.

- 1990: se generó aproximadamente 2.04 kg de desechos, y se recuperó cerca de 0.33 kg.

- 2000: 2000: se generó aproximadamente 2.09 kg de desechos, y se recuperó cerca de 0.51 kg.

- 2002: se generó aproximadamente 2.09 kg de desechos, y se recuperó cerca de 0.61 kg.

- 2007: se generó aproximadamente 2.09 kg de desechos, y se recuperó cerca de 0.70 kg.

Comunica ideas **Comenta estas preguntas con un compañero. Escribe tus respuestas en el espacio que sigue.**

¿Cómo crees que ha cambiado la opinión de la sociedad sobre el reciclaje con el paso de los años?

_____

_____

_____

> PLANET DIARY Consulta *Planet Diary* para aprender más en inglés sobre las gráficas en las ciencias.

Zona de laboratorio

Haz la Indagación preliminar
¿Qué hay en la gráfica?

¿Qué tipos de datos se muestran en las gráficas lineales?

¿Será cierto que si miras fijamente una olla el agua nunca hierve? ¿O tarda más tiempo en hervir si hay más agua en la olla? Podrías hacer un experimento para descubrirlo. La tabla de la **ilustración 1** muestra los datos de un experimento parecido. Pero ¿qué significan esos datos? ¿Tarda más en hervir un volumen más grande de agua?

Vocabulario
• gráfica • gráfica lineal • gráfica no lineal

Destrezas
↻ Lectura: Relaciona el texto y los elementos visuales

△ Indagación: Predice

Las gráficas lineales Puedes usar una gráfica para entender mejor los datos. Una **gráfica** es una "imagen" de los datos. Una gráfica lineal es un tipo de gráfica. 🔑 **Las gráficas lineales representan datos que muestran cómo una variable (variable de respuesta) cambia como resultado del cambio de otra variable (variable manipulada).**

Usar gráficas lineales Los científicos controlan los cambios de la variable manipulada. Luego, recopilan los datos que muestran cómo cambia la variable de respuesta. Las gráficas lineales se usan cuando una variable manipulada es continua, lo cual significa que hay otros puntos entre los puntos estudiados. Por ejemplo, en el experimento donde se hierve el agua, hay muchos volúmenes posibles entre los 500 mL y los 2,000 mL.

ILUSTRACIÓN 1 ·····
▶ INTERACTIVE ART Una gráfica lineal
Esta gráfica lineal representa los datos de la tabla que sigue.

✎ **Identifica** Identifica la variable manipulada y la variable de respuesta del experimento.

_____
_____
_____

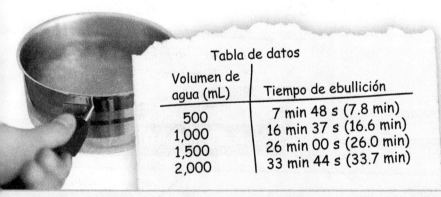

Tabla de datos

Volumen de agua (mL)	Tiempo de ebullición
500	7 min 48 s (7.8 min)
1,000	16 min 37 s (16.6 min)
1,500	26 min 00 s (26.0 min)
2,000	33 min 44 s (33.7 min)

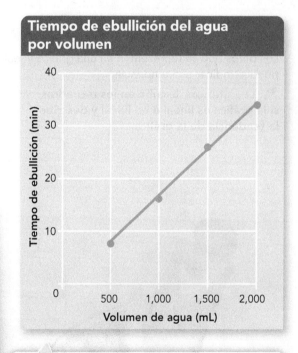

Tiempo de ebullición del agua por volumen

Zona de laboratorio — Haz la Actividad rápida de laboratorio ¿Qué es una gráfica lineal?

🔑 Evalúa tu comprensión

¿comprendiste? ·····

○ **¡Comprendí!** Ahora sé que en las gráficas lineales se muestran datos que _____

○ Necesito más ayuda con _____

Consulta my science ○ COACH *en línea para obtener ayuda en inglés sobre este tema.*

¿Por qué las gráficas lineales son herramientas muy útiles?

Una **gráfica lineal** es una gráfica en la cual los puntos de los datos forman una línea recta. Por el contrario, una **gráfica no lineal** es una gráfica en la que los puntos de los datos no forman una línea recta. Como muestra la **ilustración 2,** los dos tipos de gráficas son útiles. 🔑 **Las gráficas lineales son herramientas muy útiles en ciencias porque te permiten identificar tendencias, hacer predicciones y reconocer datos anómalos.**

Por ejemplo, en la gráfica de datos experimentales de la **ilustración 3** en la página siguiente, se muestra una tendencia lineal, a pesar de que la mayoría de los puntos no coinciden exactamente con la línea. Evidentemente, un punto no forma parte de la tendencia. Ese punto es un dato anómalo. Las gráficas permiten ver puntos de datos anómalos como éste. Cuando una gráfica no muestra tendencias claras, es probable que las variables no tengan ninguna relación entre sí.

⟳ Relaciona el texto y los elementos visuales
Subraya las frases del texto que describan las gráficas de la ilustración 2.

ILUSTRACIÓN 2 ••••••••••••••••••••••••

Tendencias lineales

Los datos que se representan en una gráfica lineal pueden indicar una tendencia.

🖉 **Lee gráficas** Escribe en los recuadros si la gráfica es lineal o no lineal y describe la tendencia de la gráfica.

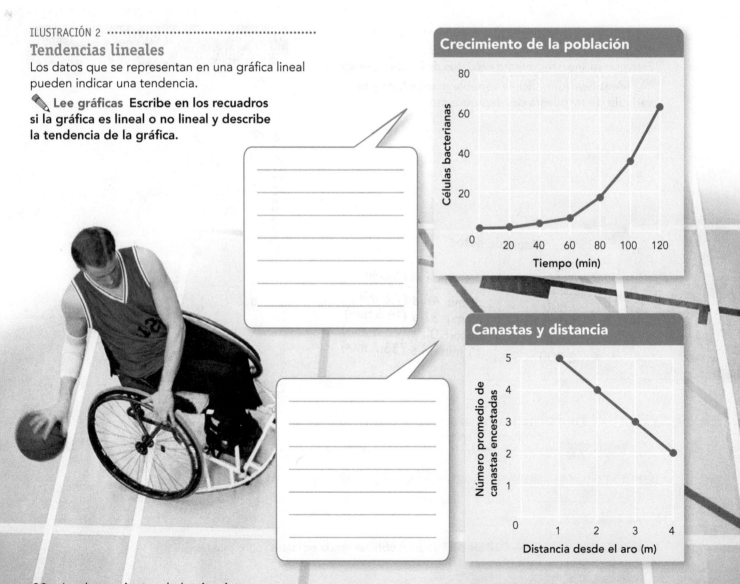

Crecimiento de la población

Células bacterianas / Tiempo (min)

Canastas y distancia

Número promedio de canastas encestadas / Distancia desde el aro (m)

Temperatura del agua expuesta al calor

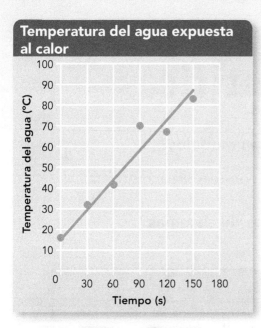

Temperatura del agua (°C) / Tiempo (s)

ILUSTRACIÓN 3

Variación de datos

Si bien algunos puntos no coinciden con la línea, esta gráfica muestra una tendencia.

✏️ **Completa las actividades que siguen.**

1. **Identifica** Rotula el punto que corresponde al dato anómalo.

2. **Predice** Usa la gráfica para predecir la temperatura del agua después de 180 segundos.

¡aplícalo!

En esta gráfica se muestra la distancia que dos amigos recorrieron en bicicleta durante una hora.

1 Interpreta datos ¿Cuál es la relación entre las variables distancia y tiempo?

_____

2 [DESAFÍO] ¿Durante qué intervalo de tiempo anduvieron los amigos a mayor velocidad? Explica tu respuesta.

_____
_____

Distancia recorrida en bicicleta

Distancia (km) / Tiempo (min)

Zona de laboratorio — Haz la Actividad rápida de laboratorio *Gráficas de densidad.*

🔲 Evalúa tu comprensión

1a. Repasa ¿Qué indica sobre las variables una gráfica sin tendencias?

_____
_____

b. Compara y contrasta ¿En qué se diferencian una gráfica sin tendencias y otra con puntos que muestran datos anómalos?

_____
_____

¿comprendiste?

○ ¡Comprendí! Ahora sé que las gráficas lineales son herramientas muy útiles porque _____
_____
_____

○ Necesito más ayuda con _____

Consulta MY SCIENCE COACH en línea para obtener ayuda en inglés sobre este tema.

LECCIÓN

4

Los modelos como herramientas científicas

🔑 **¿Por qué los científicos usan modelos?**

🔑 **¿Qué es un sistema?**

🔑 **¿Cómo se usan los modelos de sistemas?**

mi DiaRio DeL pLaneta

DATOS CURIOSOS

Volar por el espacio

No tienes por qué ser un astronauta para experimentar cómo es volar en el espacio. Gracias a ciertos avances tecnológicos, hoy existen programas de computación de simulación de vuelos espaciales. Algunos de estos programas son simples y fáciles de usar, pero otros pueden ser muy detallados y complicados. Según qué tipo de programas uses, puedes probar cómo se sentiría ir a la Luna, comandar una misión a Marte y hasta explorar otros sistemas solares. Si alguna vez te has preguntado cómo es ser un astronauta, ¡ahora tienes la oportunidad de descubrirlo!

Lee estas preguntas. Escribe tus respuestas en el espacio que sigue.

1. ¿Por qué un programa de computación de simulación de vuelos creado hoy en día sería más realista que uno diseñado hace diez años?

_____

_____

_____

2. ¿De verdad podrías volar en el espacio si supieras cómo usar un programa de computación de simulación de vuelos espaciales? Explica tu respuesta.

_____

_____

_____

> **PLANET DIARY** Consulta **Planet Diary** para aprender más en inglés sobre los modelos como herramientas científicas.

Zona de laboratorio Haz la Indagación preliminar *Modelos a escala.*

Dentro de un simulador de vuelo

Vocabulario
- modelo • sistema • entrada
- proceso • salida • retroalimentación

Destrezas
↻ Lectura: Identifica la idea principal
△ Indagación: Haz modelos

¿Por qué los científicos usan modelos?

"¿Quién es la modelo de la portada?", "Todavía tengo el modelo del automóvil que construí". La palabra *modelo* tiene muchos significados. Pero, como con otras palabras, tiene un significado específico en ciencias. En ciencias, un **modelo** es cualquier representación de un objeto o proceso. Las imágenes, los diagramas, los programas de computación y las ecuaciones matemáticas son todos ejemplos de modelos científicos.

🔑 **Los científicos usan modelos para explicar lo que no pueden observar directamente.** Por ejemplo, los científicos usan modelos como representaciones razonables de cosas muy grandes, como el núcleo de la Tierra, o muy pequeñas, como un átomo. Estos tipos de modelo son modelos físicos: dibujos u objetos tridimensionales. Otros modelos, como las ecuaciones matemáticas o las descripciones con palabras, son modelos de procesos. Observa los modelos de la **ilustración 1**.

ILUSTRACIÓN 1 ···

Dos modelos científicos
Los modelos pueden ser objetos tridimensionales o ecuaciones.

✏️ **Explica** Indica cuál de estos modelos representa un objeto y cuál un proceso y por qué es útil cada uno.

Fotosíntesis
_____
_____
_____
_____
_____

luz solar
Dióxido de carbono + Agua ⟶ Alimento + Oxígeno

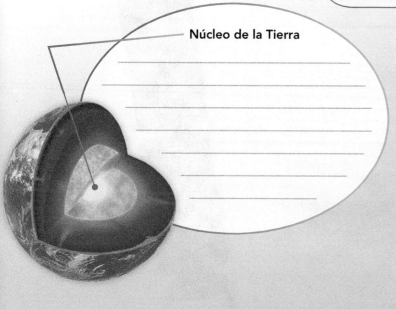

Núcleo de la Tierra
_____
_____
_____
_____

Zona de laboratorio Haz la Actividad rápida de laboratorio *Hacer modelos.*

🔒 **Evalúa tu comprensión**
¿comprendiste? ·······································

○ **¡Comprendí!** Ahora sé que los científicos usan
modelos para _____
_____
_____

○ Necesito más ayuda con _____

Consulta MY SCIENCE COACH en línea para obtener ayuda en inglés sobre este tema.

¿Qué es un sistema?

Muchas de las cosas que ves y usas a diario son sistemas. Por ejemplo, un horno eléctrico, las cañerías de agua de tu ciudad y tu bicicleta son todos sistemas. 🔑 **Un sistema es un grupo de partes que trabajan en conjunto para realizar una función o producir un resultado.**

Los sistemas tienen propiedades en común. Todos los sistemas tienen una entrada, un proceso y una salida. La **entrada** es el material o la energía que se agrega a un sistema. El **proceso** es lo que sucede en el sistema. Y la **salida** es el material o la energía que ese sistema produce. Además, algunos sistemas tienen retroalimentación. La **retroalimentación** es la salida que de alguna manera cambia un sistema. Por ejemplo, el sistema de calefacción y refrigeración de la mayoría de los hogares tiene retroalimentación. Un sensor del termostato detecta cuándo se llegó a la temperatura deseada. El sensor genera una retroalimentación que hace que el sistema se apague temporalmente. Observa otro ejemplo de sistema en la **ilustración 2.**

✏️ **Identifica la idea principal**
Encierra en un círculo la idea principal del segundo párrafo. Subraya los detalles.

ILUSTRACIÓN 2 ··
Un sistema cotidiano
En las linternas, muchas partes trabajan en conjunto como un sistema.

✎ **Aplica conceptos** Observa la linterna y aplica lo que sabes para completar la tabla.

	Linterna
Partes del sistema	
Entrada	
Proceso	
Salida	

¡aplícalo!

El sol, el aire, la tierra y el agua son partes de un sistema que produce brisa marina. Durante el día, la energía solar calienta la tierra y el agua. A su vez, la tierra y el agua calientan el aire. El aire sobre la tierra se calienta más que el aire sobre el agua. A medida que sube el aire más cálido, el aire más frío que está sobre el agua se desplaza tierra adentro para reemplazar el aire cálido, y como resultado, se genera una brisa marina.

Brisa marina de la tarde
① El aire cálido se eleva
② El aire más fresco se desplaza y ocupa el lugar del aire cálido
Tierra cálida   Agua fría

❶ Identifica Identifica la entrada, la salida y el proceso del sistema de la brisa marina.

_____

_____

_____

❷ DESAFÍO ¿Qué partes de este sistema cambian cuando se pone el sol? ¿Cómo cambian?

_____

_____

 Zona de laboratorio ® Haz la Actividad rápida de laboratorio *Sistemas.*

Evalúa tu comprensión

1a. Haz una lista ¿Cuáles son las propiedades de un sistema?

_____

_____

_____

b. Aplica conceptos Un estudiante usa una calculadora para resolver un problema de matemáticas. ¿Es esto un ejemplo de sistema? Explica tu respuesta.

_____

_____

_____

¿comprendiste? ....

○ **¡Comprendí!** Ahora sé que un sistema es _____

_____

○ **Necesito más ayuda con** _____

Consulta **my science coach** *en línea para obtener ayuda en inglés sobre este tema.*

¿Cómo se usan los modelos de sistemas?

Es fácil identificar los materiales y la energía que componen las entradas y las salidas de un sistema. Pero no es fácil observar el proceso de un sistema. **Los científicos usan modelos para comprender cómo funcionan los sistemas. También usan modelos para predecir qué cambios pueden producirse en un sistema como resultado de cambios en la entrada o en la retroalimentación.** Sin embargo, siempre tienen presente que las predicciones basadas en modelos son inciertas.

Cuando los científicos construyen un modelo de sistema, comienzan con ciertas suposiciones. Estas suposiciones les permiten hacer un modelo básico que refleja con exactitud las partes del sistema y sus relaciones. Un científico que quiere estudiar cómo se transmite la energía de un ser vivo a otro en un medio ambiente determinado puede usar un modelo denominado cadena alimentaria. Una cadena alimentaria es una serie de sucesos en un medio ambiente que muestra quién come a quién para obtener energía. En la cadena alimentaria de la **ilustración 3** supuestamente la lobina negra sólo come peces bandera. Pero, en realidad, también se alimenta de muchos tipos de animales. Sin embargo, el modelo sigue reflejando con exactitud la relación entre las partes de un sistema.

Aninga

Lobina negra

Pez bandera

Algas

ILUSTRACIÓN 3 ··

Un modelo básico

En este modelo de una cadena alimentaria de los Everglades de la Florida, las algas producen alimento con la energía solar. Las algas son pequeños seres vivos que producen su propio alimento.

✎ **Completa las actividades que siguen.**

1. ◭ **Haz modelos** En la línea que sigue a cada integrante del sistema, escribe quién lo come.

2. **DESAFÍO** ¿Cuál es la fuente de energía en este sistema?

_____

Las flechas muestran la dirección en que se transmite la energía. Puedes "leer" las flechas de abajo hacia arriba con el significado de "son el alimento de".

Pez bandera: _____

Lobina negra: _____

Algas: _____

Hacer el modelo de un sistema simple

La cadena alimentaria es un buen modelo para empezar a comprender la forma en que la energía se transmite de un ser vivo a otro en un medio ambiente. Pero muestra solamente la relación entre unos pocos seres vivos. Por eso, los científicos suelen diseñar una red alimentaria para hacer un modelo más completo del sistema. En la **ilustración 4** puedes ver una red alimentaria con muchas cadenas alimentarias entrecruzadas. La red alimentaria es más detallada que una cadena alimentaria, pero no brinda información sobre otros factores, como el clima, que afectan el flujo de energía del sistema.

ILUSTRACIÓN 4 ···

> INTERACTIVE ART **El modelo de un sistema simple**
Este modelo de una red alimentaria de los Everglades tiene varias cadenas alimentarias entrecruzadas.

✎ **Interpreta diagramas** Estudia el modelo de esta red alimentaria. En la hoja de cuaderno escribe dos cosas que hayas aprendido de este modelo complejo.

Caimán

Aninga

Rana cerdo

Lobina negra

Mapache

Cangrejo de río de los Everglades

Pez bandera

Plantas, hojas, semillas y frutas

Algas

Hacer el modelo de un sistema complejo Algunos sistemas que estudian los científicos son complejos. En estos sistemas, interactúan muchas partes y muchas variables. Por eso, los científicos usan computadoras para llevar el registro de todas las variables. Como esos sistemas son difíciles de representar, es posible que los científicos sólo hagan el modelo de algunas partes específicas del sistema que quieren estudiar. El modelo luego se puede usar para demostrar los procesos del sistema o hacer predicciones. Por ejemplo, el sistema que causa el derretimiento del hielo marino en el Ártico es complejo. La **ilustración 5** muestra cómo algunas partes de ese sistema se afectan entre sí.

ILUSTRACIÓN 5 ···

Cómo se derrite el hielo marino del Ártico

El sistema del hielo marino en el Ártico se puede representar con un diagrama.

✎ **Identifica** Haz una lista de algunas de las variables del sistema del hielo marino en el Ártico. Luego identifica la entrada, el proceso y la salida en este modelo y completa los recuadros.

_____

_____

Sistema del hielo marino en el Ártico

Durante la primavera y el verano, el sol brilla por más tiempo y los rayos solares son más directos que en invierno y en otoño. La luz solar transmite energía.

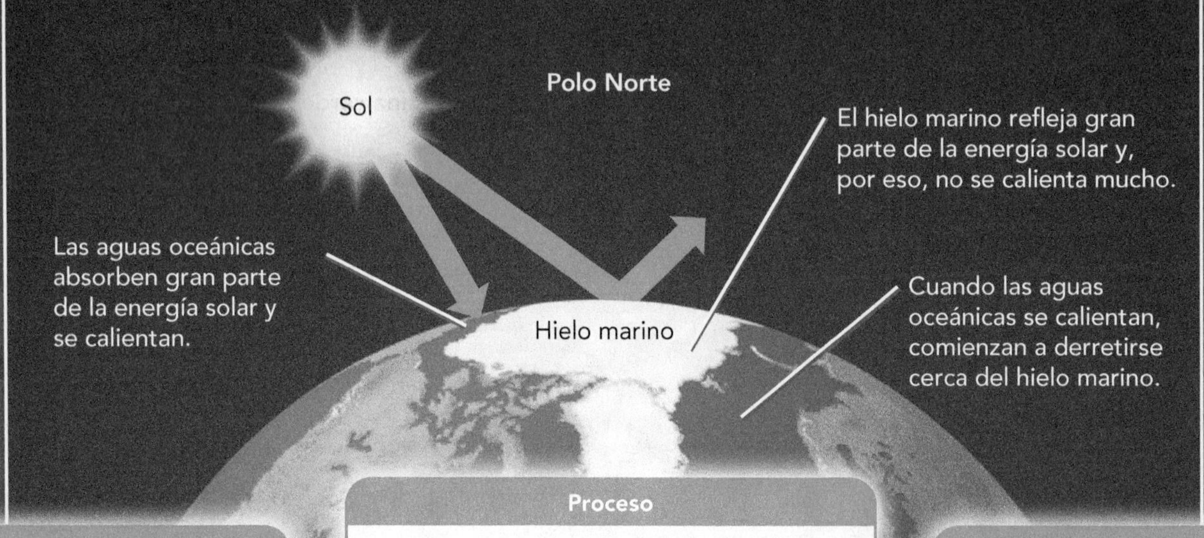

Polo Norte

Sol

El hielo marino refleja gran parte de la energía solar y, por eso, no se calienta mucho.

Las aguas oceánicas absorben gran parte de la energía solar y se calientan.

Hielo marino

Cuando las aguas oceánicas se calientan, comienzan a derretirse cerca del hielo marino.

Entrada	Proceso	Salida
_____	_____	_____
_____	_____	_____
	_____	

Sistema del hielo marino en el Ártico

Marzo

Polo Norte

Hielo marino

Sol

Aguas oceánicas

En invierno, dentro del Círculo Ártico, el sol permanece oculto en el horizonte. Como resultado, el océano se enfría aún más y se congela, con lo cual se forma más hielo marino.

Agosto

Sol

Polo Norte

Hielo marino

Aguas oceánicas

Cuando el hielo marino se derrite, hay una mayor porción del océano que puede absorber la energía solar. Cuanto más grande sea esta área sin hielo, mayor es la cantidad de hielo marino que se derrite.

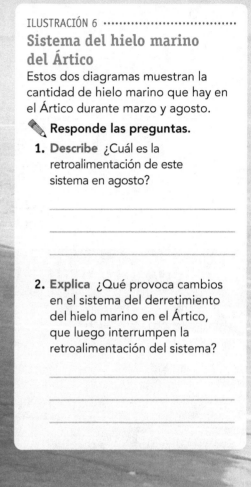

ILUSTRACIÓN 6

Sistema del hielo marino del Ártico

Estos dos diagramas muestran la cantidad de hielo marino que hay en el Ártico durante marzo y agosto.

Responde las preguntas.

1. **Describe** ¿Cuál es la retroalimentación de este sistema en agosto?

_____

_____

_____

2. **Explica** ¿Qué provoca cambios en el sistema del derretimiento del hielo marino en el Ártico, que luego interrumpen la retroalimentación del sistema?

_____

_____

_____

Zona de laboratorio Haz la Actividad rápida de laboratorio *Modelos en la naturaleza.*

Evalúa tu comprensión

2a. **Explica** ¿Por qué los científicos usan modelos?

_____

_____

_____

b. **Resume** ¿Por qué los modelos de sistemas complejos no son totalmente exactos?

_____

_____

_____

_____

¿comprendiste? ....

O **¡Comprendí!** Ahora sé que los científicos usan modelos de sistemas para _____

_____

O Necesito más ayuda con _____

Consulta MY SCIENCE COACH en línea para obtener ayuda en inglés sobre este tema.

Seguridad en el laboratorio de ciencias

DESCUBRE LA PREGUNTA PRINCIPAL

🔑 ¿Por qué es necesario prepararse para una investigación de laboratorio?

🔑 ¿Qué debes hacer si ocurre un accidente?

mi DiaRio DeL pLaneta

DESASTRE

Explosión en una refinería de petróleo

El 23 de marzo de 2005, una explosión en una refinería de petróleo de Texas causó la muerte de 15 personas, y por lo menos otras 170 resultaron heridas. Lamentablemente, los expertos coinciden en que este accidente se podría haber evitado si se hubieran respetado los códigos de seguridad. Los investigadores encontraron equipos viejos y gastados en el lugar y descubrieron que no se habían hecho varias reparaciones. Lo único positivo que puede rescatarse de este accidente es un video de seguridad que hizo el Consejo de Seguridad Química de los Estados Unidos. El video se basa en el accidente de la refinería de petróleo y proporciona información sobre la seguridad y sobre cómo prevenir estos accidentes para que nunca más se repitan.

Lee estas preguntas. Escribe tus respuestas en el espacio que sigue.

1. ¿Cómo piensan los investigadores que se podría haber prevenido este accidente?

_____

_____

_____

2. ¿Qué clase de información incluirías en un video de seguridad basado en el accidente?

_____

_____

_____

 Consulta **Planet Diary** para aprender más en inglés sobre la seguridad en el laboratorio de ciencias.

> Zona de laboratorio® Haz la Indagación preliminar *¿Dónde están los equipos de seguridad en tu escuela?*

Vocabulario
- símbolo de seguridad
- campo

Destrezas
- Lectura: Resume
- Indagación: Observa

¿Por qué es necesario prepararse para una investigación de laboratorio?

Después de caminar durante varias horas, llegas al campamento. Te apresuras para armar tu carpa. La carpa está torcida, pero se sostiene, así que no te preocupas y te diviertes con tus amigos. A la noche llueve copiosamente. El agua entra en la carpa y te moja. Buscas una linterna. En ese momento, te das cuenta de que olvidaste traer una. Si te hubieras preparado mejor, estarías seco y podrías ver en la oscuridad.

Preparación para el laboratorio Igual que para un campamento, es necesario prepararse antes de empezar con una investigación de laboratorio. 🔑 **Una buena preparación te mantiene seguro durante las investigaciones de laboratorio.** Debes prepararte para la investigación antes de hacerla. Lee atentamente todos los procedimientos y asegúrate de entender todas las instrucciones. Si algo no te queda claro, pregunta a tu maestro antes de empezar con la investigación. Algunas investigaciones incluyen símbolos de seguridad como los de la **ilustración 1.** Los **símbolos de seguridad** son señales de alerta sobre elementos que pueden causar accidentes en un laboratorio.

ILUSTRACIÓN 1
Los símbolos de seguridad
Los símbolos de seguridad indican cómo trabajar con precaución y qué equipos de seguridad se deben usar.

✏️ **Aplica conceptos** En el cuaderno, haz una lista de los símbolos que podrían aparecer en una investigación de laboratorio en la que debes medir la temperatura del agua a medida que se calienta hasta que hierve.

Símbolos de seguridad

 Gafas protectoras
 Delantal
 Rotura
 Guantes resistentes al calor
 Objeto caliente
 Veneno
 Seguridad física
 Fuego
 Prohibido encender fuego

Medición de la temperatura del agua
Seguridad en el laboratorio

La seguridad en el laboratorio

Reconocer y prevenir peligros que ponen en riesgo la seguridad son dos destrezas importantes que debes aplicar en el laboratorio.

✎ **Completa las actividades.**

1. **Haz modelos** En los recuadros en blanco de cada página, dibuja un símbolo de seguridad para indicar que se debe usar calzado cerrado y otro para indicar que el pelo largo se debe llevar atado.

2. **DESAFÍO** ¿Cómo podría protegerse el estudiante de la foto para no inhalar las emanaciones del matraz o de los vasos de precipitados?

_____

_____

_____

_____

Hacer una investigación de laboratorio

Cada vez que hagas una investigación en el laboratorio de ciencias, tu principal preocupación debe ser tu seguridad, la de tus compañeros y la de tu maestro. La regla de seguridad número uno es muy sencilla: *Siempre sigue las instrucciones y las indicaciones de tu maestro al pie de la letra.* Nunca intentes nada por tu cuenta sin antes preguntar a tu maestro.

En la **ilustración 2** se muestra lo que puedes hacer para que tu investigación de laboratorio sea segura y exitosa. Durante una investigación de laboratorio, debes mantener el área de trabajo limpia y ordenada. Rotula todos los recipientes para no equivocarte de sustancia química. Además, no te apresures al seguir los pasos. Cuando necesites ir de un lugar a otro en el laboratorio, camina lenta y cuidadosamente para no tropezarte ni chocarte con los equipos de otro grupo. Por último, siempre sé respetuoso y amable con tu maestro y tus compañeros.

Usa gafas protectoras para proteger los ojos de posibles salpicaduras de sustancias químicas, vidrios rotos u objetos filosos.

Usa un delantal para protegerte a ti y a tu ropa de las sustancias químicas.

Usa guantes resistentes al calor cuando manipules objetos calientes.

Mantén tu área de trabajo limpia y despejada.

Asegúrate de que los cables eléctricos estén desenredados y en un lugar donde no molesten.

Usa calzado cerrado para trabajar en el laboratorio.

Los procedimientos finales

Hay ciertas cosas importantes que debes hacer cuando terminas una investigación de laboratorio. Después de terminar, limpia bien tu área de trabajo. Apaga y desconecta todos los equipos que usaste y guárdalos en su lugar correspondiente. Es muy importante que elimines adecuadamente los materiales de desecho. Algunos desechos no deben arrojarse a la basura ni verterse en el sumidero. Sigue las instrucciones de tu maestro para eliminar adecuadamente los desechos. Por último, asegúrate de lavarte bien las manos después de trabajar en el laboratorio.

Resume En los recuadros en blanco, resume los procedimientos que debes seguir antes de una investigación de laboratorio, durante y después.

Antes

Durante

Después

Usa guantes de plástico para proteger la piel cuando manipules animales, plantas o sustancias químicas.

Átate el pelo hacia atrás, si lo tienes largo, para mantenerlo alejado del fuego, las sustancias químicas o los equipos.

Lombrices

Manipula las plantas y los animales vivos con mucho cuidado.

Vocabulario Identificar significados
múltiples El sustantivo *campo* tiene
varios significados. Has aprendido
uno de ellos. Da otros dos
significados de *campo*.

_____

_____

_____

La seguridad en el campo Algunas de tus investigaciones
de ciencias se harán en el **campo,** es decir, en áreas fuera del laboratorio.
Al igual que en el laboratorio, una buena preparación te ayuda a evitar
riesgos. Por ejemplo, al aire libre puede haber muchos peligros para la
seguridad. Puede haber mal tiempo, mucho tráfico, animales salvajes o
plantas venenosas. Cuando te dispones a trabajar
en el campo, siempre debes avisarle a un adulto
dónde estarás. Nunca salgas a hacer una
investigación de campo solo. Usa el
sentido común para evitar posibles
situaciones peligrosas.

¡aplícalo!

Estos dos estudiantes no han tomado las precauciones
necesarias para trabajar en el campo.

1 Observa Identifica la ropa que no es adecuada para
trabajar en este campo.

_____

_____

2 Saca conclusiones Explica cómo una prenda de vestir
podría exponer al estudiante a ciertos peligros en el campo.

_____

_____

_____

Zona de laboratorio® Haz la Actividad rápida de
laboratorio *Prepárate.*

Evalúa tu comprensión

1a. Haz una lista Haz una lista de dos cosas que
debes hacer antes de empezar una investigación
de laboratorio.

_____

_____

b. Haz generalizaciones ¿Por qué crees que una
investigación de campo puede necesitar más
preparación que una investigación de laboratorio?

_____

_____

¿comprendiste? ....

O **¡Comprendí!** Ahora sé que la clave para trabajar de manera segura en el laboratorio y en el campo es _____

O Necesito más ayuda con _____

Consulta MY SCIENCE COACH *en línea para obtener ayuda en inglés sobre este tema.*

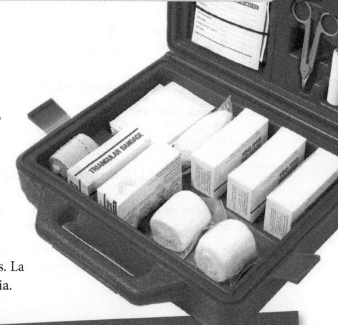

¿Qué debes hacer si ocurre un accidente?

Aunque hayas preparado todo con cuidado, siempre puede haber accidentes. ¿Sabrías qué hacer en ese caso? Lo primero que siempre debes hacer es avisar a un adulto.

🔑 **Cuando ocurre un accidente, aunque sea uno menor, debes avisar inmediatamente a tu maestro. Luego, escucha sus instrucciones y síguelas rápidamente.** Asegúrate de saber la ubicación y la utilidad de los equipos de emergencia. Conocer las medidas de seguridad y los procedimientos de primeros auxilios de antemano te prepara para desempeñarte mejor cuando ocurren accidentes. La **ilustración 3** enumera algunos procedimientos de emergencia.

ILUSTRACIÓN 3 ············

En caso de emergencia

Estas sugerencias de primeros auxilios pueden ayudarte en situaciones de emergencia en el laboratorio.

✏️ **Lee y responde las preguntas.**

1. **Repasa** Completa la oración del cartel para identificar cuál es el primer paso que debe seguirse en una emergencia en el laboratorio.

2. **Expresa opiniones** Imagínate que tu maestro ha tenido un accidente en el laboratorio. ¿Qué debes hacer?

_____

_____

_____

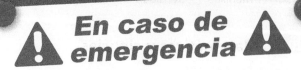

⚠️ **En caso de emergencia** ⚠️

Lo primero que debo hacer en caso de emergencia es

_____

Herida	Qué hacer
Quemaduras	Sumergir la quemadura en agua fría.
Cortes	Vendar el corte. Presionar la herida para detener la sangre.
Derrames sobre la piel	Enjuagar la piel con abundante agua.
Cuerpo extraño en el ojo	Enjuagar el ojo con agua. Llamar al médico.

 Zona de laboratorio Haz la Actividad rápida de laboratorio *Por si acaso*.

🔑 **Evalúa tu comprensión**

¿comprendiste? ···

⭕ **¡Comprendí!** Ahora sé que lo primero que debo hacer en caso de accidente es _____

⭕ Necesito más ayuda con _____

Consulta my science ⓢ coach *en línea para obtener ayuda en inglés sobre este tema.*

3 Guía de estudio

Los científicos usan las matemáticas para hacer _____, y para recopilar,

analizar y mostrar _____.

LECCIÓN 1 Medidas: Un lenguaje en común

🗝 El uso del SI como el sistema de medidas estándar permite a los científicos comparar datos e intercambiar opiniones sobre sus resultados.

🗝 Algunas unidades de medición del SI son el metro (m), el kilogramo (kg), el metro cúbico (m^3), los kilogramos por metro cúbico (kg/m^3), los grados Kelvin (K) y el segundo (s).

Vocabulario
- sistema métrico • SI • masa • peso
- volumen • menisco • densidad

LECCIÓN 2 Matemáticas y ciencias

🗝 Las destrezas matemáticas que usan los científicos para recopilar datos son, entre otras, la estimación, la exactitud, la precisión y las cifras significativas.

🗝 Para analizar los datos, los científicos calculan el error porcentual, hallan la media, la mediana, la moda y el rango, y verifican si los datos son razonables.

Vocabulario
- estimación • exactitud • precisión
- cifras significativas • error porcentual • media
- mediana • moda • rango • datos anómalos

LECCIÓN 3 Gráficas en ciencias

🗝 Las gráficas lineales representan datos que muestran cómo una variable de respuesta cambia como resultado del cambio de la variable manipulada.

🗝 Las gráficas lineales son herramientas muy útiles en ciencias porque te permiten identificar tendencias, hacer predicciones y reconocer datos anómalos.

Vocabulario
- gráfica • gráfica lineal
- gráfica no lineal

LECCIÓN 4 Los modelos como herramientas científicas

🗝 Los modelos ayudan a los científicos a explicar lo que no pueden observar directamente.

🗝 Un sistema es un grupo de partes que trabajan en conjunto para realizar una función o producir un resultado.

🗝 Los científicos usan modelos para comprender cómo funcionan los sistemas y para predecir qué cambios pueden producirse en un sistema como resultado de cambios en la entrada o en la retroalimentación.

Vocabulario
- modelo • sistema • entrada • proceso
- salida • retroalimentación

LECCIÓN 5 Seguridad en el laboratorio de ciencias

🗝 Una buena preparación te mantiene seguro durante las investigaciones de laboratorio.

🗝 Cuando ocurre un accidente, aunque sea uno menor, debes avisar inmediatamente a tu maestro. Luego, escucha sus instrucciones y síguelas rápidamente.

Vocabulario
- símbolo de seguridad • campo

Repaso y evaluación

LECCIÓN 1 Medidas: Un lenguaje en común

1. La cantidad de materia que hay en un cuerpo se denomina

    a. longitud.   **b.** masa.

    c. peso.   **d.** volumen.

2. La unidad básica del SI para medir la longitud es

_____

3. Mide ¿Qué temperatura en grados Celsius es equivalente a 0 K?

_____

4. Compara y contrasta ¿Cuál de los cuerpos de abajo tiene más volumen? Explica tu respuesta.

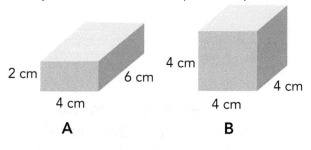

2 cm   6 cm   4 cm   4 cm

4 cm   4 cm

A   **B**

_____

_____

5. Calcula Una canica de 12.5 g desplaza 5.0 mL de agua. ¿Cuál es su densidad?

_____

6. **Escríbelo** Eres un periodista deportivo que ha entrevistado a un nadador olímpico que perdió la medalla de plata por unas pocas centésimas de segundo. Escribe una entrevista de una página en la que comentes el significado del tiempo y los instrumentos modernos que se usan para medirlo.

LECCIÓN 2 Matemáticas y ciencias

7. Las cifras significativas de una medida

    a. sólo incluyen los primeros dos dígitos.

    b. sólo incluyen los dígitos que se han estimado.

    c. sólo incluyen los dígitos que se han medido con exactitud.

    d. incluyen todos los dígitos que se han medido con exactitud, más un dígito cuyo valor se ha estimado.

8. _____ indica cuán cerca está una medida del valor verdadero o aceptado.

9. Aplica conceptos ¿Cuál es la mediana de 7, 31, 86, 6, 20, 85 y 12?

_____

10. Analiza fuentes de error Imagínate que haces tu actividad de laboratorio con mucha prisa y obtienes un error porcentual del 50 por ciento. ¿Por qué podría ser tan alto tu error porcentual?

_____

_____

_____

_____

_____

11. ¡matemáticas! Mides la masa de un cuerpo desconocido y registras una masa de 658 g. La masa real del objeto es 755 g. ¿Cuál es tu error porcentual?

LECCIÓN 3 Gráficas en ciencias

12. Las gráficas lineales se usan cuando una variable manipulada es

  a. de respuesta.   **b.** lineal.

  c. continua.   **d.** anómala.

13. _____ es una gráfica en la que los puntos de datos no forman una línea recta.

14. Haz generalizaciones ¿Qué te ayudan a ver las gráficas lineales sobre los datos?

_____

_____

_____

_____

_____

LECCIÓN 4 Los modelos como herramientas científicas

15. El material o la energía que se agrega a un sistema se denomina

  a. salida.   **b.** entrada.

  c. retroalimentación.   **d.** proceso.

16. Un sistema _____ posee muchas

partes y variables.

17. **Escríbelo** La salida del sistema de abajo es el texto que se muestra en la pantalla. Describe la entrada y el proceso que genera esta salida.

SU IMAGEN AQUÍ

LECCIÓN 5 Seguridad en el laboratorio de ciencias

18. El área al aire libre en la que se harán algunas de tus investigaciones científicas se denomina

  a. patio.   **b.** jardín.

  c. parque.   **d.** campo.

19. Una buena _____ te mantiene seguro durante las investigaciones de laboratorio.

20. Expresa opiniones ¿Por qué crees que nunca debes llevar alimentos al laboratorio?

_____

_____

_____

_____

_____

_____

APLICA LA PREGUNTA PRINCIPAL ¿Cuál es la importancia de las matemáticas en el trabajo de los científicos?

21. Algunos ingenieros civiles están ayudando a planificar la construcción de edificios. Menciona tres maneras en que los ingenieros pueden usar las matemáticas durante el proceso de planificación.

_____

_____

_____

_____

_____

_____

_____

_____

_____

Preparación para exámenes estandarizados

Selección múltiple

Encierra en un círculo la letra de la mejor respuesta. Usa la gráfica para responder la pregunta 1.

1. ¿Cuál es la tendencia general de los datos?

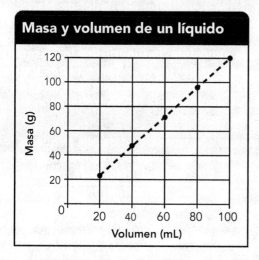

Masa y volumen de un líquido

A   lineal   B   sin tendencia
C   no lineal   D   lineal al principio y luego
                            no lineal

2. Un estudiante cultiva tomates para un experimento. ¿Qué instrumento necesitará para determinar la masa del tomate?

A   un cilindro graduado
B   una vara métrica
C   un cronómetro
D   una balanza de triple brazo

3. Regina midió una cuerda y obtuvo estos valores: 21.5 cm, 21.3 cm, 21.7 cm y 21.6 cm. La cuerda en realidad mide 25.5 cm. ¿Cuál de las siguientes opciones describe mejor las medidas de Regina?

A   Fueron exactas.
B   No fueron exactas pero fueron precisas.
C   Fueron exactas y precisas.
D   No fueron exactas ni precisas.

4. Elías midió la masa de cinco muestras de cuarzo. Sus resultados fueron: 39.75 g, 38.91 g, 37.66 g, 39.75 g y 39.55 g. ¿Cuál fue la media de la masa de las muestras?

A   39.55 g
B   39.75 g
C   39.12 g
D   38.91 g

5. Tanya midió la masa y el volumen de un cuerpo y calculó que la densidad era 18 g/cm³. La densidad real del cuerpo era 15 g/cm³. ¿Cuál es el error porcentual de Tanya?

A   17%
B   20%
C   30%
D   83%

Respuesta elaborada

Usa el diagrama que sigue y tus conocimientos de ciencias para responder la pregunta 6. Escribe tu respuesta en una hoja aparte.

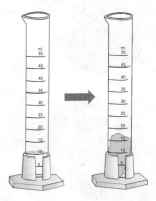

6. Clark quiere medir el volumen de una roca que encontró afuera. Según el diagrama de arriba, ¿qué método está usando? ¿Cuál es el volumen de la roca? Explica tu respuesta.

Piensa como un científico

¡¿QUÉ COSA PERDISTE?!

El uso de sistemas de medidas distintos causó que la sonda espacial *Mars Climate Orbiter* se saliera de su curso y desapareciera. ▼

En 1999, la Administración Nacional de Aeronáutica y del Espacio (NASA, por sus siglas en inglés) cometió un error que costó 125 millones de dólares.

Ese año, la sonda *Mars Climate Orbiter* tenía que orbitar alrededor de Marte durante un año marciano (687 días terrestres). Debía enviar información sobre la atmósfera, la superficie y los casquetes polares del planeta. Dos equipos trabajaron con esta sonda. Un equipo de ingenieros la diseñó y la construyó. Un equipo de la NASA trabajó con los ingenieros para comandarla.

Ambos equipos se olvidaron de un detalle pequeño, pero muy importante. El equipo de ingenieros midió los datos en unidades del sistema británico de medidas, mientras que la NASA usó el sistema métrico. Por eso, los comandantes de la NASA supusieron que la unidad usada para medir la fuerza de los propulsores de la nave espacial era newtons por segundo. Lamentablemente, ¡los ingenieros habían programado los propulsores en libras por segundo!

Esas pequeñas diferencias de cálculos llevaron a un gran error. La nave espacial se acercó demasiado a la superficie de Marte y se perdió la señal. La nave espacial de 125 millones de dólares tal vez sufrió daños irreparables al entrar en la atmósfera marciana. Si no, rebotó contra la atmósfera y se perdió en el espacio.

Explícalo Piensa en otros ejemplos donde un error con las unidades podría tener resultados desastrosos. Escribe una nota a un amigo en la que expliques por qué es importante especificar las unidades junto con las medidas que registras. Agrega ejemplos en la nota.

La viruela
al ataque

La viruela al ataque
La viruela al ataque
La viruela al ataque

Actualmente, la mayoría de las personas no tienen miedo de contagiarse de viruela. La última víctima de viruela de la que se tiene noticias murió en 1978 y, ya en ese entonces, la viruela era una enfermedad rara. Todos pensaban que la viruela estaba perfectamente controlada y que nadie podría contagiarse porque sólo existía en los laboratorios. Hasta que alguien se contagió.

Janet Parker era fotógrafa médica de la Facultad de Medicina de la Universidad de Birmingham, en Inglaterra. Debajo de su cuarto oscuro, había un laboratorio donde trabajaban científicos que investigaban el virus de la viruela. Lamentablemente, los procedimientos de seguridad y de contención de este virus mortal no eran buenos en el laboratorio. Hasta el día de hoy, nadie sabe exactamente cómo Janet quedó expuesta al virus, pero una teoría dice que el virus viajó a través de los conductos de ventilación hasta llegar al cuarto oscuro. Janet se enfermó y murió en septiembre de 1978.

¡Investígalo! La Organización Mundial de la Salud (OMS) declaró que la viruela se había erradicado en 1980. ¿Qué medidas tomó la OMS para garantizar que nadie más contrajera esta enfermedad? En 2002, la OMS decidió que no pediría a los laboratorios que destruyeran las muestras del virus de la viruela. ¿Qué valor podrían tener estas muestras para la OMS? Escribe un informe en el que respondas esas preguntas y sugieras qué más se podría o se debería hacer.

¿QUÉ PODRÍAN HACER ESTOS ROBOTS DIMINUTOS?

PREGUNTA PRINCIPAL

¿Cómo influye la tecnología en la sociedad?

Este nanorrobot se ha adherido a un glóbulo rojo con sus patas similares a las de un insecto. ¿Existen los nanorrobots? Todavía no, pero hay ingenieros que trabajan en el diseño de robots microscópicos que tal vez algún día puedan realizar tareas, como inyectar medicamentos en los glóbulos rojos.

Desarrolla hipótesis ¿Qué podrían llegar a hacer los nanorrobots en el futuro?

_____
_____
_____
_____
_____
_____

▶ UNTAMED SCIENCE   Mira el video de **Untamed Science** para aprender más sobre la tecnología.

Tecnología e ingeniería

4 Para comenzar

Verifica tu comprensión

1. Preparación Lee el párrafo siguiente y luego responde la pregunta.

En 1973, Martin Cooper hizo la primera llamada por teléfono celular desde una calle de la ciudad de Nueva York. ¡Su **invento** pesaba 2.5 libras! Piensa en el **impacto** que tienen los teléfonos celulares en la vida cotidiana. El **aparato** de Cooper permite hacer y recibir llamadas desde casi cualquier lugar. Ya no hace falta hablar desde un teléfono fijo en un lugar específico.

> Un **invento** es una idea, un objeto o un proceso original.
>
> El **impacto** es el efecto que algo o alguien tiene sobre el mundo.
>
> Un **aparato** es una herramienta o máquina que realiza un trabajo o una función determinada.

- ¿Cuál es el impacto de los teléfonos celulares en la vida cotidiana?

_____

_____

_____

> **MY READING WEB** Si tuviste dificultades para responder la pregunta anterior, visita *My Reading Web* y escribe *Technology and Engineering.*

Destreza de vocabulario

Usar el contexto para determinar el significado En los libros de ciencias suelen aparecer palabras desconocidas. Busca pistas del contexto en las palabras y las frases cercanas a la palabra *obsoleto* y halla su significado en el párrafo siguiente.

Un producto puede volverse obsoleto, es decir, no usarse más. Por ejemplo, las máquinas de escribir eran útiles para crear documentos en papel. Pero era difícil hacer cambios en el documento ya escrito. Hoy en día, la mayoría de las personas usan computadoras para escribir y hacer cambios en un documento.

Palabra clave	obsoleto
Definición	que no se usa más
Ejemplo	máquinas de escribir
Otra información	Hoy en día, la mayoría de las personas usan computadoras.

2. Verificación rápida Completa esta oración.

- Las máquinas de escribir son obsoletas, es decir, _____

_____

tecnología

obsoleto

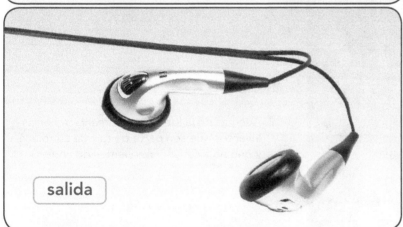

salida

análisis de riesgo y beneficios

Vistazo al capítulo

> VOCAB FLASH CARDS Para obtener más ayuda con el vocabulario, visita *Vocab Flash Cards* y escribe *Technology and Engineering.*

1 Entender la tecnología

DESCUBRE LA PREGUNTA PRINCIPAL

🔑 **¿Cuál es la meta de la tecnología?**

🔑 **¿Cómo progresa la tecnología?**

🔑 **¿Cuáles son las partes de un sistema tecnológico?**

mi DiaRio DeL pLaneta

BIOGRAFÍA

Lewis H. Latimer (1848–1928)
El hombre del Renacimiento

Probablemente sepas quiénes son Thomas Edison y Alexander Graham Bell. Pero, ¿sabes quién es Lewis H. Latimer? Él también fue un inventor. A Latimer se le conoció como un "hombre del Renacimiento" porque sabía hacer muchas cosas.

Latimer, hijo de esclavos prófugos, se unió a la Marina a los 15 años. Después de la Guerra Civil, aprendió dibujo mecánico por su cuenta y utilizó esa destreza para dibujar los planos del teléfono, el invento de Alexander Graham Bell. Después, Latimer comenzó a trabajar en la Compañía de Luz Eléctrica de los Estados Unidos, donde inventó una lámpara eléctrica diferente. Además, escribió un libro innovador sobre la luz eléctrica. Latimer no sólo era hábil en mecánica, también era un artista. Tocaba la flauta y escribía obras de teatro y poemas.

Lee estas preguntas. Escribe tus respuestas en los espacios que siguen.

1. ¿Qué destrezas de Latimer determinaron su carrera?

_____

_____

_____

_____

2. Además de la luz eléctrica, menciona otros inventos que son parte de tu vida cotidiana y que no existían hace cientos de años.

_____

_____

> **PLANET DIARY** Consulta *Planet Diary* para aprender más en inglés sobre cómo entender la tecnología.

Zona laboratorio Haz la Indagación preliminar *¿Qué ejemplos de tecnología conoces?*

Vocabulario
• tecnología • ingeniero • obsoleto • meta

Destrezas
⟳ Lectura: Relaciona el texto y los elementos visuales
△ Indagación: Clasifica

¿Cuál es la meta de la tecnología?

Cuando oyes la palabra *tecnología,* tal vez piensas en un reproductor de música digital y en teléfonos celulares. Como puedes ver en la **ilustración 1,** la tecnología va más allá de los aparatos modernos. Los trenes y los grifos de agua facilitaron la vida de las personas en el siglo XX. Los inventos antiguos, como las herramientas de piedra y la rueda, también son ejemplos de tecnología.

Significados de tecnología Además de los aparatos que crean las personas, la palabra *tecnología* se refiere al conocimiento y a los procesos necesarios para hacer esas cosas. Dicho de manera simple, la **tecnología** es el uso del conocimiento para resolver problemas prácticos. ⚷ **La meta de la tecnología es mejorar la vida de las personas.** Por ejemplo, los anteojos mejoran la vista. Internet te permite obtener información fácil y rápidamente.

Rueda
_____
_____
_____
_____

ILUSTRACIÓN 1 ·····························
La tecnología y tú
La tecnología cambia la vida de las personas.

✎ **Infiere Escribe de qué manera cada objeto ha mejorado la vida de las personas.**

Teléfono celular
_____
_____
_____
_____

Lavadora
_____
_____
_____
_____

117

Áreas de la tecnología

La tecnología se puede clasificar en al menos seis grandes áreas: comunicación, manufactura, biología y química, energía y potencia, construcción y transporte. El área biológica y química incluye la tecnología médica. La **ilustración 2** muestra algunos productos de estas áreas.

Las seis áreas de la tecnología suelen mejorar la vida de las personas. Por ejemplo, piensa en las tecnologías que hacen que haya una caja de cereales en tu mesa. Los trenes (transporte) llevan los granos de una granja a una fábrica. En la fábrica (construcción), se agregan vitaminas y minerales (biología y química) a los granos. Los cereales se cocinan en un horno (energía y potencia) y después se envasan (manufactura). Los camiones transportan las cajas a los mercados, mientras los cereales se publicitan en televisión (comunicación). Por último, tú compras los cereales.

ILUSTRACIÓN 2 ·······················
▶ INTERACTIVE ART Tecnología a tu alrededor

Cuando vas de campamento, dependes de productos que provienen de diferentes áreas de la tecnología.

✎ Clasifica En cada recuadro, escribe otro ejemplo de esa tecnología.

Transporte
Ejemplo: automóvil
_____

Manufactura
Ejemplo: tienda
_____

Construcción
Ejemplo: carretera
_____

Comunicación
Ejemplo: teléfono celular
_____

Energía y potencia
Ejemplo: farol
_____

Biología y química
Ejemplo: protector solar
_____

1 Se estudió cómo se mueve la luz a través de las sustancias.

2 Como resultado, se desarrollaron las fibras ópticas, que son unos hilos delgados de vidrio o plástico que transportan la luz.

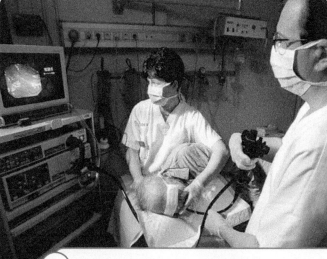

3 En un endoscopio se usan fibras ópticas para enviar imágenes. Los médicos usan el endoscopio para ver órganos dentro del cuerpo humano.

Tecnología y ciencia Aunque la ciencia y la tecnología son diferentes, suelen combinarse para alcanzar una meta en común. La ciencia es el estudio del mundo natural para comprender cómo funciona. Las personas que estudian el mundo natural se denominan científicos. La tecnología cambia el mundo natural para satisfacer necesidades humanas o resolver problemas. Un **ingeniero** es una persona que usa la ciencia y la tecnología para resolver problemas.

Piensa en cómo podrían tratar el tema del viento un científico y un ingeniero. Un científico podría estudiar cómo se desarrollan los vientos y cómo afectan el tiempo meteorológico. Un ingeniero podría diseñar una máquina para producir electricidad mediante la acción del viento. A pesar de estas diferencias, la ciencia y la tecnología suelen depender una de la otra, y cada disciplina suele afectar el progreso de la otra. Observa la **ilustración 3** para ver cómo interactúan la ciencia y la tecnología.

ILUSTRACIÓN 3 ·······························
Desarrollo del endoscopio
El endoscopio es un ejemplo de tecnología de fibra óptica. La ciencia y la tecnología contribuyeron a su desarrollo.

✎ **Aplica conceptos** En cada recuadro, indica si la descripción hace referencia a la ciencia, a la tecnología o a ambas.

Zona de laboratorio Haz la Actividad rápida de laboratorio *Clasificar*.

Evalúa tu comprensión

1a. Identifica ¿Qué usan las personas para cambiar el mundo a fin de satisfacer sus necesidades: la ciencia o la tecnología?

_____

b. Comunica ideas ¿Por qué un teléfono cumple con la meta de la tecnología?

_____

_____

¿comprendiste?

○ **¡Comprendí!** Ahora sé que la meta de la tecnología

es _____

_____

_____

○ Necesito más ayuda con _____

Consulta MY SCIENCE 🔊 COACH *en línea para obtener ayuda en inglés sobre este tema.*

119

¿Cómo progresa la tecnología?

La tecnología cambia constantemente. Imagínate que se rompe el reproductor de música digital que compraste hace seis meses. Lo más probable es que encuentres un aparato más moderno cuando compres uno nuevo. **La tecnología progresa a medida que aumenta el conocimiento de las personas y se pueden satisfacer nuevas necesidades.**

Tecnologías obsoletas Con el tiempo, algunos productos pueden volverse **obsoletos,** es decir, no usarse más. Por ejemplo, durante la década de 1980 se usaban máquinas de escribir para crear documentos. Hacían mucho ruido y no se podían hacer cambios fácilmente ni guardar en la máquina los documentos ya escritos. Con la computadora personal, puedes hacer cambios fácilmente y guardar los documentos en la máquina. Como es fácil de usar, la computadora personal fue ganando popularidad y la máquina de escribir se volvió obsoleta.

Tecnologías actuales Hoy en día, no siempre se necesita un teclado para escribir un texto; puedes dictarlo. Con la tecnología de activación por voz, las palabras que dices aparecen en la pantalla de tu computadora. Pero debes hablar con claridad; de lo contrario, aparecerán otras palabras. La activación por voz es una tecnología actual.

Relaciona el texto y los elementos visuales Identifica las ventajas y las desventajas de las tecnologías obsoletas y actuales que se muestran.

Obsoleto

Máquina de escribir
Ventajas

_____

_____

Desventajas

_____

_____

_____

Actual

Activación por voz
Ventajas

_____

_____

Desventajas

_____

_____

_____

ILUSTRACIÓN 4 ·······························

Una tecnología emergente
Un aparato para la punta de los dedos que funciona como el ratón de una computadora es un ejemplo de tecnología emergente.

✎ **Comunica ideas** Habla con un compañero sobre una tecnología emergente. Menciónala y haz una lista de sus ventajas y desventajas en los recuadros que siguen.

Tecnologías emergentes Las tecnologías emergentes son aquellas que recién comienzan a estar disponibles para todos. Por ejemplo, el aparato para la punta de los dedos de la **ilustración 4** puede cumplir la función de un ratón de computadora. Puede interpretar los movimientos de la mano y comunicarlos a tu computadora tal como lo hace el ratón. Sin embargo, las tecnologías emergentes pueden ser muy costosas y tal vez no funcionen a la perfección.

Tecnologías coexistentes No todas las tecnologías antiguas se vuelven obsoletas. Los bolígrafos y los lápices coexisten con las tecnologías actuales porque aún satisfacen las necesidades de las personas. Además, las tecnologías más antiguas y más sencillas pueden ser más útiles que las actuales en ciertas situaciones. Por ejemplo, si vas de campamento, ¡un abrelatas manual es más útil que uno eléctrico!

Tecnología
_____
_____
_____

Ventaja
_____
_____
_____

Desventaja
_____
_____
_____

Zona laboratorio Haz la Actividad rápida de laboratorio *Procesar palabras*.

🔑 **Evalúa tu comprensión**

2a. Define ¿Qué es una tecnología obsoleta?
_____
_____
_____

b. Infiere ¿Por qué crees que los productos de computación se vuelven obsoletos tan rápidamente?
_____
_____

¿comprendiste? ·······························

○ **¡Comprendí!** Ahora sé que la tecnología progresa porque _____
_____

○ Necesito más ayuda con _____

Consulta my science COACH *en línea para obtener ayuda en inglés sobre este tema.*

121

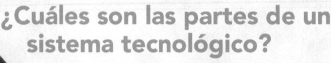

¿Cuáles son las partes de un sistema tecnológico?

Cuando oyes la palabra *sistema*, ¿en qué piensas? Tal vez pienses en el sistema de tu escuela, o quizá en el sistema solar. Todos los sistemas se componen de partes que trabajan conjuntamente.

🔑 **Un sistema tecnológico incluye una meta, entradas, procesos, salidas y, en algunos casos, retroalimentación.** Todos los sistemas tecnológicos tienen una **meta**, o propósito, determinado. Una entrada es algo que se agrega a un sistema para alcanzar esa meta. El proceso es una secuencia de acciones que realiza el sistema a medida que avanza hacia esa meta. Una salida es un resultado o producto. Si el sistema funciona correctamente, la salida debe coincidir con la meta. Algunos sistemas tecnológicos tienen un componente adicional denominado retroalimentación. La retroalimentación es información que usa un sistema para controlar la entrada, el proceso y la salida de manera tal que el sistema pueda ajustarse para alcanzar la meta. En la **ilustración 5** se puede ver un sistema tecnológico conocido: un horno. Un horno es un sistema que incluye retroalimentación.

¡aplícalo!

Un reproductor de música digital es un ejemplo de sistema tecnológico.

1 **Clasifica** Determina cuál de las descripciones siguientes es la meta, la entrada, el proceso y la salida.

a. _____ Presionas el botón de Reproducir.

b. _____ El archivo digital se convierte en ondas sonoras.

c. _____ Escuchas una canción.

d. _____ El reproductor reproduce la canción.

2 **Sigue la secuencia** Escribe la letra de los pasos en el orden correcto. _____

3 [DESAFÍO] Menciona un sistema tecnológico que uses y que incluya retroalimentación. _____

_____

ILUSTRACIÓN 5 ....

Un sistema con retroalimentación

Un horno es un sistema tecnológico con una meta, entradas, procesos, salidas y retroalimentación.

✎ **Evalúa modelos y sistemas** Lee las descripciones. Arriba de cada descripción, escribe el nombre del paso del sistema que se describe.

Se enciende el gas.
Se ajusta la temperatura.
Se coloca la masa del pan.

El gas se quema y libera calor. El calor se transfiere al aire en el horno. La temperatura aumenta.

El pan se cocina.

Un termostato controla la temperatura. Si la temperatura desciende por debajo del nivel indicado, entonces se enciende el gas. Si la temperatura supera el nivel indicado, entonces el flujo de gas se corta.

Cocinar un pan integral.

Zona de laboratorio Haz la Investigación de laboratorio *Investigar un sistema tecnológico.*

🔑 Evalúa tu comprensión

3a. Repasa ¿Cómo se ajusta a sí mismo un sistema tecnológico?

_____

_____

b. Aplica conceptos Un reloj despertador es un sistema tecnológico. Identifica la salida.

_____

_____

¿comprendiste?

○ **¡Comprendí!** Ahora sé que los componentes de un sistema tecnológico son _____

_____

_____

○ Necesito más ayuda con _____

Consulta my science COACH *en línea para obtener ayuda en inglés sobre este tema.*

LECCIÓN 2

Destrezas para diseñar tecnología

DESCUBRE LA PREGUNTA PRINCIPAL

🔑 ¿Cuáles son los pasos para diseñar tecnología?

mi DiaRio DeL planeta

Un problema pegajoso

Art Fry se sentía frustrado. Los trocitos de papel que usaba para marcar su libro de himnos religiosos siempre se caían. Entonces recordó que Spencer Silver, otro científico que trabajaba en la misma empresa que él, estaba desarrollando un adhesivo. Silver no estaba conforme con el adhesivo porque no era tan potente como él quería. Sin embargo, era suficientemente potente para pegar papeles, que luego se podían volver a despegar. Fry untó sus papelitos con el adhesivo. Después de algunos años de desarrollar la idea, ¡Fry y Silver habían inventado las notas autoadhesivas!

Zona de laboratorio Haz la Indagación preliminar *¿Por qué hay que volver a diseñar?*

DESCUBRIMIENTO

Responde estas preguntas.

1. Usa la experiencia de Art Fry para explicar la frase "La necesidad es la madre de la invención".

_____

_____

_____

2. ¿Por qué es importante la comunicación entre los ingenieros?

_____

_____

_____

> **PLANET DIARY** Consulta *Planet Diary* para aprender más en inglés sobre las destrezas para diseñar tecnología.

¿Cuáles son los pasos para diseñar tecnología?

Si hubieras usado una computadora hace 60 años, no habrías usado el ratón. El ratón es el resultado de un proceso de diseño tecnológico que buscó traducir el movimiento de la mano en señales que la computadora pudiera leer. 🔑 **Los pasos para diseñar tecnología son: identificar una necesidad, investigar el problema, diseñar una solución, construir un prototipo, solucionar problemas y volver a diseñar, y comunicar la solución.**

Vocabulario
- lluvia de ideas • restricción • sacrificar una cosa por otra
- prototipo • solución de problemas • patente

Destrezas
Lectura: Identifica la idea principal
Indagación: Comunica ideas

Identificar una necesidad
El ratón se diseñó originalmente para que se pudiera mover el cursor de la pantalla sin usar las flechas del teclado. Las primeras versiones eran costosas. También presentaban varios problemas. La suciedad que entraba en el aparato quedaba adentro y le impedía funcionar. A menudo se "resbalaba"; es decir, el cursor no se movía al mover el ratón. Para mejorar el ratón original, el ingeniero de la **ilustración 1** primero tuvo que descubrir qué necesidad había que satisfacer. Para identificar una necesidad, los ingenieros definen claramente el problema que intentan resolver. La necesidad general que identificó el equipo de ingenieros fue la de crear un ratón que no se resbalara y fuese fácil de usar. Querían que el aparato fuese económico, seguro y que durara mucho tiempo.

ILUSTRACIÓN 1

Identificar necesidades
Este ingeniero tiene problemas con su ratón.

Identifica una necesidad En la hoja de cuaderno, escribe por qué se volvió a diseñar el ratón.

Investigar el problema Después de definir un problema, los ingenieros investigan el tema recopilando información que los ayude a resolver el problema. Los ingenieros recopilan información sobre un producto nuevo de muchas maneras, como muestra la **ilustración 2.** A veces leen libros y artículos. Otras veces asisten a conferencias y comparten ideas con los demás. Los ingenieros suelen hacer experimentos para poner a prueba la tecnología. Además, a veces hablan con personas como tú para saber qué quieren los usuarios.

Para recopilar información sobre el problema del ratón, los ingenieros realizaron muchas pruebas. Ellos sabían que la bola del interior del ratón se mantenía en su lugar por medio de un complejo sistema de partes sensibles y costosas. Como las partes eran tan sensibles, descubrieron que demasiada presión sobre la bola hacía que ésta se resbalara. Además, cualquier partícula de suciedad o polvo hacía que el sistema se atascara. Debido a este problema, el ratón dejaba de funcionar aproximadamente una vez por semana. Para solucionarlo, había que desarmar el ratón completamente y limpiar cada parte por separado.

ILUSTRACIÓN 2 ·······························
Investigar
La investigación es un paso importante en el proceso de diseño.

✎ **Investiga el problema** En la página del cuaderno, escribe tres cosas que se descubrieron durante la investigación del ratón original.

Diseñar una solución Diseñar una solución implica aportar ideas que resuelvan el problema. El mejor diseño satisface las necesidades y tiene la menor cantidad de características negativas.

Generar ideas ¿Alguna vez se han reunido tus amigos y tú para aportar ideas para un suceso especial? La **lluvia de ideas** es un proceso mediante el cual los miembros de un grupo sugieren cualquier solución que se les ocurre. Es mejor que haya muchas ideas en lugar de unas pocas porque nunca se sabe cuál de ellas podría funcionar. Después de la lluvia de ideas, los ingenieros pueden hacer bosquejos o modelos de sus ideas. La **ilustración 3** muestra esos pasos.

Identificar materiales Para los productos físicos, los ingenieros deben tener en cuenta la resistencia y el desempeño de los materiales que usan. Por ejemplo, las partes de un ratón deben resistir el uso repetido y la rotura. El uso de los materiales también debe ser seguro.

ILUSTRACIÓN 3 ···
Diseñar una solución
Para diseñar una solución, se deben seguir múltiples pasos.

✎ **Diseña una solución** Rotula cada dibujo con el paso del proceso de diseño que se ilustra. En la hoja de cuaderno, haz una lista con las ideas que surgieron de la lluvia de ideas de los ingenieros.

¡aplícalo!

Observa cómo toman forma las ideas a medida que haces modelos de algunas etapas del proceso de diseño.

1 Comunica ideas Con tres o cuatro compañeros, haz una lluvia de ideas sobre un producto nuevo que saque toda la mantequilla de cacahuate de un recipiente.

_____

_____

_____

_____

_____

_____

2 Trabaja con restricciones de diseño Evalúa todas las ideas y comenta las restricciones que habría y las concesiones que tendrías que hacer.

_____

_____

_____

_____

_____

_____

_____

_____

3 Diseña una solución Haz un bosquejo de la solución de diseño decidida por el equipo.

Evaluar restricciones La **ilustración 4** muestra el resultado obtenido con un ratón que tiene una bola que causa demasiada fricción. La fricción es la fuerza que se crea cuando dos superficies se frotan entre sí. Si la bola que está dentro del ratón es de un material que tiene demasiado "agarre", la bola no se moverá. El material y la fricción que éste produce son restricciones. Una **restricción** es cualquier factor que limita un diseño.

Sacrificar una cosa por otra Un material puede ser fuerte, pero a la vez, feo. Otro material puede ser atrayente, pero no resistente. El equipo de diseño puede decidir que se use el material más atrayente, que llamará la atención de los clientes. En ese caso, el equipo estaría concediendo la resistencia a cambio del aspecto. Cuando **se sacrifica una cosa por otra** se hace un intercambio en el que se renuncia a un beneficio para obtener otro; es decir, se hace una concesión.

ILUSTRACIÓN 4 ·······················

Continúa el proceso de diseño del ratón
Resolver problemas y elegir opciones forman parte del proceso de diseñar un producto nuevo.

✎ **Identifica** Rotula cada dibujo con el paso adecuado del proceso de diseño.

Construir un prototipo Después de tener en cuenta las restricciones y las concesiones, los ingenieros construyen y prueban un prototipo. Un **prototipo** es un modelo funcional usado para poner a prueba un diseño. Algunos prototipos son de tamaño real y se hacen con los materiales pensados para el producto final. Otros son completamente virtuales, es decir, generados por computadora.

Los prototipos se usan para poner a prueba el funcionamiento de un producto y determinar qué tan bien funciona, cuánto dura y si es seguro usarlo. En algunos casos, un equipo de diseño pide a algunas personas que usen el prototipo y lo evalúen. Los ingenieros también pueden probar el prototipo en un laboratorio para ver cómo funciona, como muestra la **ilustración 5.** O bien, pueden usar computadoras para probar modelos virtuales. Los resultados de las pruebas ayudan a determinar hasta qué punto el producto cumple con las metas y qué mejoras quedan por hacer.

ILUSTRACIÓN 5 ···

Usar prototipos

Los prototipos muestran si funciona bien un diseño.

✎ **Construye un prototipo** Rotula cada dibujo con el paso adecuado del proceso de diseño. En la hoja de cuaderno, describe la mejor manera de poner a prueba un prototipo de ratón. Explica por qué funciona este método.

¡Este ratón no se resbala para nada!

ILUSTRACIÓN 6

> INTERACTIVE ART Solucionar problemas y volver a diseñar

✎ Estos ingenieros están solucionando problemas y trabajando en un nuevo diseño.

1. **Rotula** En los recuadros, escribe cuál es el paso del proceso de diseño que se muestra en cada dibujo.

2. **Soluciona problemas** Escribe en la tabla los problemas que tuvo el ratón que hicieron que se inventara el ratón óptico.

3. [**DESAFÍO**] ¿Por qué conviene invertir tiempo y dinero en el nuevo diseño de un producto?

_____

_____

_____

Solucionar problemas	Nuevo diseño

Solucionar problemas y volver a diseñar Las pruebas de los prototipos pueden revelar problemas de diseño. Por ejemplo, las pruebas pueden demostrar que un producto es difícil de usar o que una parte se rompe fácilmente. Hay que identificar las causas de todos los problemas y volver a diseñar el producto. El proceso mediante el cual se analiza un problema de diseño y se halla una forma de solucionarlo se denomina **solución de problemas.**

En la **ilustración 6,** puedes ver que el ratón tiene un problema que se descubrió en las pruebas del prototipo: el ratón hacía ruido. Cuando se trabajó en la solución de problemas, se identificó que la causa del ruido era la bola. Los ingenieros reemplazaron la bola de acero con una bola de goma para que el ratón fuera más silencioso. Los ingenieros también fabricaron una tapa con forma de anillo que era fácil de abrir. Este nuevo diseño también hizo más fácil la limpieza del ratón.

Después de solucionar esos problemas, la tecnología del ratón avanzó aún más. Un ratón óptico inalámbrico tiene un rayo láser en lugar de una bola y puede tener un sensor en vez de un cable conectado a la computadora.

Comunicar la solución

ILUSTRACIÓN 7 ·····························

Comunicar la solución

Comunicar acerca de una nueva tecnología implica mostrar el nuevo producto a los clientes.

🖉 **Haz una lista** Escribe las formas de comunicación que muestra la ilustración.

_____

_____

Comunicar la solución La última etapa del proceso para diseñar tecnología es comunicar la solución. Los ingenieros deben explicar el diseño a los fabricantes que producirán el producto. Los ingenieros deben describir su producto a los publicistas. Al hacerlo, también deben comunicar de qué manera ese producto satisface las necesidades del consumidor. La **ilustración 7** muestra algunas maneras en que se comunican los ingenieros.

Con frecuencia, los inventores o las empresas protegen sus inventos por medio de patentes. Una **patente** es un documento legal emitido por el gobierno que otorga a un inventor los derechos exclusivos para fabricar, usar o vender un invento por un cierto período de tiempo. Si otras personas quieren usar el invento, deben obtener permiso del dueño de la patente y pagar una tarifa. Sin embargo, una vez que se termina el período de vigencia de la patente, cualquier persona puede fabricar o vender el invento.

🖉 **Identifica la idea principal**
Encierra en un círculo la idea principal del primer párrafo. Subraya los detalles.

Zona de laboratorio Haz la Actividad rápida de laboratorio _Observa cómo toman forma las ideas._

🔋 Evalúa tu comprensión

1a. Explica ¿Qué son las restricciones de diseño?

_____

_____

b. Infiere ¿Qué pasos seguirían los ingenieros si hubiera problemas con el ratón óptico?

_____

_____

¿comprendiste? ···

○ **¡Comprendí!** Ahora sé que los pasos para diseñar tecnología son: _____

_____

○ Necesito más ayuda con _____

Consulta MY SCIENCE 💬 COACH _en línea para obtener ayuda en inglés sobre este tema._

3 Tecnología y sociedad

DESCUBRE LA PREGUNTA PRINCIPAL

¿Cómo ha impactado la tecnología en la sociedad?

¿Cuáles son las consecuencias de la tecnología?

¿Cómo decides si debes usar o no una tecnología?

mi DiaRio DeL planeta

Una esponja requete absorbente

Imagínate un material capaz de sostener 100 veces su propio peso en agua. Los materiales superabsorbentes pueden hacer precisamente eso. Al principio parecen unas bolitas de polvo. A medida que absorben agua, las bolitas se hinchan y se convierten en un gel gomoso.

Los materiales superabsorbentes se usan de muchas maneras. Por ejemplo, han reemplazado el relleno de algodón y papel de los pañales para bebés. Además, los materiales superabsorbentes se usan al empaquetar la carne para prevenir la pérdida de líquido.

DATOS CURIOSOS

Lee la pregunta siguiente. Escribe tu respuesta en los espacios que siguen.

Menciona dos usos posibles del material superabsorbente.

_____

_____

_____

_____

> PLANET DIARY Consulta *Planet Diary* para aprender más en inglés sobre la tecnología y la sociedad.

Zona de laboratorio
Haz la Indagación preliminar
A la caza de la tecnología.

¿Cómo ha impactado la tecnología en la sociedad?

A comienzos del siglo XIX, los tejedores calificados perdieron su trabajo cuando las fábricas textiles comenzaron a usar tecnología nueva: telares que funcionaban a vapor. La pérdida del trabajo es un ejemplo de cómo influye la tecnología en la sociedad. Sin embargo, la tecnología también puede crear puestos de trabajo porque se necesitan trabajadores para construir las máquinas y las herramientas nuevas. **Desde la Edad de Piedra, hace miles de años, hasta la Era de la Información, hoy en día, la tecnología ha tenido un gran impacto en la sociedad.**

Vocabulario
- análisis de riesgo y beneficios

Destrezas
- Lectura: Resume
- Indagación: Saca conclusiones

Edad de Piedra y Edad del Hierro
Durante la Edad de Piedra, las herramientas se hacían con piedras. Las lanzas, las hachas y las palas permitían cazar y cultivar la tierra. A medida que la provisión de alimentos se volvió más estable, las personas ya no tenían que caminar tanto para hallar alimento. Como resultado, comenzaron a establecerse en comunidades agrícolas. Durante la Era del Hierro, las personas producían hierro y lo usaban para hacer herramientas. Se mejoraron las máquinas, como los arados. Gracias al arado, los agricultores comenzaron a producir más alimento.

La Revolución Industrial
Durante la Revolución Industrial, aparecieron máquinas de propulsión a vapor y a agua que reemplazaron a las máquinas pequeñas de propulsión humana. Con estas máquinas nuevas, comenzó la producción en masa de muchos productos.

La Era de la Información
Actualmente, en la Era de la Información, los satélites, las computadoras y los teléfonos celulares permiten compartir información rápidamente. Las sociedades distantes ya no están aisladas unas de otras.

Hiladora a vapor

Telar moderno

ILUSTRACIÓN 1
Producción en masa
Una hiladora a vapor podía producir muchos carretes de hilo a la vez. Un telar moderno puede tejer el material necesario para hacer una camisa en menos de un minuto.

✏️ **Analiza costos y beneficios** Menciona un costo y un beneficio del telar moderno.

_____
_____
_____
_____

Zona de laboratorio
Haz la Actividad rápida de laboratorio *Tecnología que ahorra tiempo.*

Evalúa tu comprensión
¿comprendiste? ....

○ **¡Comprendí!** Ahora sé que desde la Edad de Piedra, la tecnología ha _____

○ Necesito más ayuda con _____

Consulta my science **COACH** *en línea para obtener ayuda en inglés sobre este tema.*

¿Cuáles son las consecuencias de la tecnología?

Los avances tecnológicos han contribuido mucho al progreso de las sociedades. Sin embargo, la tecnología tiene otras consecuencias. **Además de las consecuencias deseadas, la tecnología puede tener consecuencias no deseadas en la sociedad y el medio ambiente.**

El medio ambiente Muchas tecnologías, como las represas y los pesticidas, afectan el medio ambiente. Por ejemplo, los pesticidas protegen los cultivos de los insectos. Esta tecnología permite que los agricultores puedan cosechar más cultivos. Si la cantidad de cultivos aumenta, el precio de los alimentos se mantiene bajo, lo cual es una consecuencia deseada. Sin embargo, la lluvia puede arrastrar pesticidas hacia los ríos y los suministros de agua. Entonces, los pesticidas pueden afectar a las plantas y los animales que viven en el agua y a las personas que usan el suministro de agua. Esa es una consecuencia no deseada.

Puestos de trabajo La tecnología aumenta la cantidad de trabajo que se puede hacer en la misma cantidad de tiempo. Por ejemplo, los agricultores pueden arar más tierra con un tractor que con un arado tirado por caballos. Por lo tanto, las granjas que tienen tractores necesitan menos trabajadores. En el siglo XX, eso provocó una consecuencia no deseada: muchas personas perdieron su trabajo.

¡Usa las matemáticas!

Trabajar en una granja

La gráfica muestra el porcentaje de trabajadores agrícolas que había entre los años 1860 y 2000. Consulta la gráfica para responder estas preguntas.

1 Interpreta datos ¿En qué año el porcentaje de trabajadores agrícolas fue el más alto? ¿En qué año el porcentaje fue el más bajo?

2 Calcula ¿Cuánto cambió el porcentaje de trabajadores agrícolas entre 1860 y 2000?

3 Saca conclusiones ¿Qué tendencia muestra la gráfica?

Trabajadores agrícolas en los Estados Unidos

Eje Y: Porcentaje de la fuerza laboral total (0, 10, 20, 30, 40, 50)
Eje X: Año (1860, 1880, 1900, 1920, 1940, 1960, 1980, 2000)

Salud y seguridad

Una consecuencia deseada de los productos de la tecnología es ayudar a las personas a vivir mucho tiempo y con buena salud. Por ejemplo, las bolsas de aire de los automóviles han salvado muchas vidas. Sin embargo, también traen consecuencias no deseadas. La fuerza explosiva que tienen las bolsas de aire al inflarse ha herido y matado a personas, especialmente a niños pequeños. Los gases calientes de una bolsa de aire también pueden causar graves quemaduras.

Energía

La tecnología ha hecho posible que haya más energía disponible. Por ejemplo, las refinerías convierten el petróleo crudo en gasolina para los automóviles. Las centrales eléctricas tienen la consecuencia deseada de generar la electricidad que ilumina millones de hogares. Pero las centrales eléctricas y los automóviles tienen la consecuencia no deseada de contaminar el aire.

Ritmo de vida

Los avances tecnológicos nos permiten hacer las cosas más rápido. Se pueden hacer comidas en minutos con alimentos congelados. Las computadoras ayudan a hacer más tareas en menos tiempo. Sin embargo, el hecho de poder hacer las cosas más rápido hace que algunas personas sientan la urgencia de hacer más cosas. Usa la **ilustración 2** para identificar las consecuencias que han tenido en la sociedad el uso de los carros tirados por caballos y los automóviles.

¿sabías que...?

En 1946, Percy Spencer trabajaba en un aparato que producía señales de radio de microondas. Estaba parado cerca de él cuando la barra de chocolate que llevaba en el bolsillo se derritió. Spencer pensó que habían sido las microondas. Para hacer otra prueba, colocó una bolsa de granos de maíz junto al aparato. Los granos explotaron y se convirtieron en palomitas de maíz. El descubrimiento accidental de Percy dio a la sociedad el horno de microondas.

ILUSTRACIÓN 2 ·······

Medios de transporte

✎ **Comunica ideas** Trabaja con un compañero para describir las consecuencias que trajo a la sociedad el uso de los carros tirados por caballos y de los automóviles.

	Carros tirados por caballos	Automóviles
Consecuencias deseadas		
Consecuencias no deseadas		

Una sociedad computarizada

EXPLORA LA PREGUNTA PRINCIPAL

¿Cómo influye la tecnología en la sociedad?

ILUSTRACIÓN 3

ART IN MOTION Las computadoras influyen en la sociedad de muchas maneras.

Evalúa el impacto en la sociedad **Encierra en un círculo dos opciones del banco de palabras y escribe ejemplos de cómo han influido las computadoras en la sociedad para cada una de las opciones que elijas.**

Banco de palabras
- Medio ambiente
- Puestos de trabajo
- Salud y seguridad
- Energía
- Ritmo de vida

Mi opción: ______

Mi opción: ______

Zona de laboratorio® Haz la Actividad rápida de laboratorio *¿Cómo influye la tecnología en tu vida?*

Evalúa tu comprensión

1a. Explica ¿Cómo influyen los avances tecnológicos en nuestro ritmo de vida?

______

b. RESPONDE LA PREGUNTA PRINCIPAL ¿Cómo influye la tecnología en la sociedad?

______

¿comprendiste?

○ **¡Comprendí!** Ahora sé que las consecuencias de la tecnología pueden ser ______

○ Necesito más ayuda con ______

Consulta MY SCIENCE COACH *en línea para obtener ayuda en inglés sobre este tema.*

¿Cómo decides si debes usar o no una tecnología?

Si una tecnología puede tener consecuencias no deseadas, entonces ¿cómo se puede decidir si hay que usarla o no?  **Para decidir si se debe usar o no una tecnología, hay que analizar sus posibles riesgos y beneficios.** El **análisis de riesgo y beneficios** es el proceso por el cual se evalúan los posibles problemas o riesgos de una tecnología y se comparan con las ventajas o beneficios deseados. Las personas suelen llegar a diferentes conclusiones sobre los riesgos y los beneficios.

Identificar riesgos y beneficios Imagínate que una empresa fabrica un nuevo casco para ciclismo con un material liviano. El casco protege menos que otros cascos más pesados, pero es más cómodo. Una agencia del gobierno descubre que el riesgo principal del nuevo casco es que aumenta las posibilidades de sufrir lesiones en comparación con cascos más pesados. Sin embargo, los ciclistas opinan que los cascos más pesados son incómodos y, por eso, a veces evitan usarlos. El beneficio del nuevo casco es que más personas tendrían una forma de protección para la cabeza, en lugar de no tener ninguna protección. ¿Deberías usar el nuevo casco?

¡aplícalo!

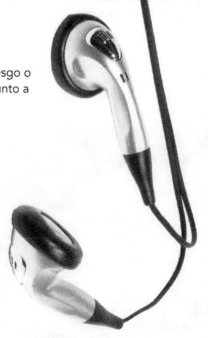

Los auriculares internos tienen riesgos y beneficios.

1 ⚖ **Saca conclusiones** Decide si cada uno de los puntos que siguen es un riesgo o un beneficio de usar estos auriculares. Escribe una *R* junto a los riesgos y una *B* junto a los beneficios.

- _____ Pueden anular los ruidos fuertes del entorno.

- _____ Pueden dañar la audición a volúmenes altos.

- _____ Puedes escuchar música sin molestar a los demás.

- _____ Se pueden perder fácilmente.

- _____ Pueden impedir que oigas si se aproxima un vehículo.

- _____ Son fáciles de transportar.

2 **Analiza costos y beneficios** Según tu análisis de riesgo y beneficios, ¿deberías usar auriculares internos? ¿Por qué?

_____

_____

_____

Valores y concesiones

Valores y concesiones En general, cuando se evalúan los riesgos y beneficios de una tecnología, se deben tener en cuenta los valores humanos. Un valor es algo importante para una persona o sociedad. Los valores podrían ser la salud, la honestidad y la libertad personal.

Pueden surgir dificultades cuando un valor favorece a una tecnología mientras que otro valor advierte sobre sus riesgos. En el caso de los cascos nuevos, los valores en conflicto podrían ser la seguridad contra la comodidad de las personas. Cuando los valores entran en conflicto, tomar una decisión implica sacrificar una cosa por otra, o hacer una concesión. Esto consiste en intercambiar un beneficio por otro. Por ejemplo, al elegir el casco liviano, las personas sacrifican seguridad por comodidad.

Otras concesiones surgen de conflictos entre valores económicos y ambientales. Por ejemplo, quizá sea menos costoso mantener en funcionamiento las centrales eléctricas actuales que desarrollar centrales nuevas, aunque éstas puedan ser menos contaminantes. La **ilustración 4** muestra ejemplos de tecnologías que hacen concesiones.

Vocabulario Usar el contexto para determinar el significado
Subraya las pistas del contexto que te ayuden a comprender el significado de *sacrificar una cosa por otra*. Encierra en un círculo los detalles adicionales que indican su significado.

ILUSTRACIÓN 4 ··························
Concesiones
Las plantas de carbón producen energía a partir del carbón. Los parques eólicos producen energía a partir del viento.

✎ **Analiza costos y beneficios** ¿Qué concesiones se hicieron en el caso de las plantas de carbón y los parques eólicos? Escribe tus respuestas en la tabla.

Concesiones	
Plantas de carbón	
Parques eólicos	

Radar Doppler

Cómo usar la tecnología con responsabilidad

La tecnología seguirá influyendo en la vida de la mayoría de las personas. Debido a sus potenciales consecuencias, la tecnología no siempre brinda soluciones perfectas para los problemas que ayuda a resolver. Además, la tecnología no puede resolver todos los problemas. Aun así, el hecho de que exista puede ayudarnos a resolver mejor los problemas y, quizá, a salvar vidas. Por ejemplo, la tecnología no puede evitar las ventiscas. Sin embargo, los instrumentos para pronosticar el tiempo pueden advertir que se aproxima una ventisca para que las personas se preparen. Un radar Doppler puede detectar una precipitación al medir las ondas de radio electromagnéticas de este fenómeno meteorológico.

La tecnología también influye en la sociedad en su totalidad. Por lo tanto, todas las personas deben tomar decisiones informadas para reducir el impacto negativo de la tecnología en los demás y en el medio ambiente, y para usar la tecnología con responsabilidad. Las acciones de todos, incluidas tus propias acciones, pueden determinar de qué manera las tecnologías de hoy afectarán al mundo de mañana.

Resume Con tus palabras, resume en qué te basarías para decidir si la tecnología se puede usar con responsabilidad.

Zona de laboratorio Haz la Actividad rápida de laboratorio *Tener en cuenta el impacto.*

Evalúa tu comprensión

2a. Explica Explica por qué es importante hacer un análisis de riesgo y beneficios.

b. Demuestra el comportamiento de un consumidor consciente ¿Qué riesgos y beneficios debes tener en cuenta al decidir si comprar o no un repelente?

¿comprendiste?

○ **¡Comprendí!** Ahora sé que para decidir si se debe usar o no una tecnología, debo _____

○ Necesito más ayuda con _____

Consulta **MY SCIENCE COACH** *en línea para obtener ayuda en inglés sobre este tema.*

LECCIÓN

4 La ingeniería

DESCUBRE LA PREGUNTA PRINCIPAL

🗝 ¿Qué es la ingeniería?

🗝 ¿Cuáles son algunas de las ramas de la ingeniería?

🗝 ¿En qué beneficia la ingeniería a la sociedad?

mi Diario Del planeta

BLOG

Enviado por: Aaliyah

Ubicación: Brewerton, Nueva York

Existe un invento moderno que me ha ayudado toda la vida: mis audífonos. Tienen un sistema de FM y me ayudan a oír a las personas. Este invento me ayuda en la escuela para poder escuchar en clase y en casa cuando miro televisión. El sistema de FM funciona igual que un micrófono, pero el sonido sólo va hacia mis audífonos, así no lo oyen todos. Si no tuviera los audífonos, mi vida sería completamente diferente. No podría socializar y estaría sola y sin amigos. Este invento me ha ayudado toda la vida ¡y eso es algo muy valioso!

Lee estas preguntas. Escribe tus respuestas en los espacios que siguen.

1. ¿En qué se parecen los audífonos de Aaliyah a un micrófono? ¿En qué se diferencian?

_____

_____

_____

_____

_____

_____

2. ¿Qué invento moderno te ha ayudado? ¿En qué te ha ayudado?

_____

_____

> **PLANET DIARY** Consulta **Planet Diary** para aprender más en inglés sobre la ingeniería.

Zona de laboratorio Haz la Indagación preliminar ¿Qué es la ingeniería?

140 Tecnología e ingeniería

Vocabulario

- ingeniería
- bioingeniería
- ingeniería aeroespacial
- ingeniería mecánica
- ingeniería civil
- ingeniería química
- ingeniería eléctrica

Destrezas

- Lectura: Relaciona causa y efecto
- Indagación: Infiere

¿Qué es la ingeniería?

Piensa en todas las cosas que haces para prepararte para la escuela. Te vistes, desayunas y te cepillas los dientes. El cierre de tus pantalones, el horno de microondas en el que cocinaste tu cereal, incluso el tubo de pasta de dientes, son ejemplos de productos diseñados por la ingeniería. La **ingeniería** consiste en aplicar las ciencias para satisfacer necesidades y resolver problemas. **La ingeniería requiere de conocimientos científicos y técnicos para diseñar objetos que mejoren la vida.**

¡aplícalo!

Observa las fotos de los productos diseñados para facilitar la vida de las personas.

❶ Relaciona causa y efecto Rotula cada imagen con la letra del problema para el cual el producto fue diseñado.

A. evitar que las personas se mojen

B. permitir el cruce sobre terrenos dificultosos

C. hacer que la comida dure más tiempo

D. hacer cálculos matemáticos difíciles

❷ DESAFÍO Nombra una consecuencia no deseada de un refrigerador.

_____

_____

Zona de laboratorio · Haz la Actividad rápida de laboratorio *Diseñar una solución.*

Evalúa tu comprensión

¿comprendiste? ....

O ¡Comprendí! Ahora sé que la ingeniería requiere _____

_____

O Necesito más ayuda con _____

Consulta my science COACH en línea para obtener ayuda en inglés sobre este tema.

> **REAL-WORLD INQUIRY** Ramas de la ingeniería
La ingeniería tiene muchas ramas diferentes.

✎ Identifica **Lee las descripciones. Menciona otro producto que haya desarrollado cada rama de la ingeniería. Puedes buscar ejemplos en Internet.**

La bioingeniería consiste en aplicar los principios de la ingeniería a la biología y la medicina para crear procesos y productos como extremidades artificiales y aparatos de rayos X.

_____

_____

La ingeniería aeroespacial consiste en diseñar, construir y poner a prueba aviones y naves espaciales.

_____

_____

¿Cuáles son algunas de las ramas de la ingeniería?

En el desarrollo de un producto de ingeniería, pueden participar personas de muchas áreas de la ingeniería. Por ejemplo, se necesita el trabajo de muchos ingenieros para que un transbordador espacial despegue. Algunos ingenieros determinan cómo será la forma y el diseño; además, calculan cuánto impulso se necesita para elevarlo. Otros ingenieros se ocupan de hallar las mejores combinaciones de combustibles para los motores del transbordador. 🔑 La ingeniería tiene muchas ramas. Algunas de ellas son la bioingeniería, la ingeniería aeroespacial, la ingeniería mecánica, la ingeniería civil, la ingeniería química y la ingeniería eléctrica. La ilustración 1 describe algunas de las ramas comunes de la ingeniería.

La ingeniería mecánica se ocupa del diseño, la construcción y el funcionamiento de máquinas como automóviles o transportadores personales.

_____
_____

La ingeniería civil incluye el diseño y la construcción de caminos, puentes y edificios.

_____
_____

Éste es un transportador personal.

La ingeniería química se ocupa de la conversión de las sustancias químicas como el petróleo en productos útiles, como el combustible diésel.

_____

La ingeniería eléctrica se dedica al diseño de los sistemas eléctricos, como los sistemas de electricidad, control y telecomunicación; por ejemplo, los satélites.

_____
_____

Zona de laboratorio   Haz la Actividad rápida de laboratorio *Ramas de la ingeniería*.

Evalúa tu comprensión

1a. **Infiere** ¿Por qué crees que hay muchos tipos de ingeniería?

_____
_____
_____

b. **Clasifica** ¿Qué ramas de la ingeniería participaron en la invención del secador de cabello?

_____
_____
_____

¿comprendiste?

○ **¡Comprendí!** Ahora sé que algunas de las ramas de la ingeniería son _____

_____
_____
_____
_____

○ Necesito más ayuda con _____

Consulta **MY SCIENCE COACH** *en línea para obtener ayuda en inglés sobre este tema.*

¿En qué beneficia la ingeniería a la sociedad?

¿Cómo sería la vida sin electricidad? No podrías usar Internet, ni juegos de video, ni recargar tu reproductor de música digital. Sin embargo, normalmente tienes electricidad todos los días gracias a los cables de alta tensión y los generadores diseñados por los ingenieros. **Los ingenieros diseñan productos que mejoran nuestra vida cotidiana de muchas maneras, porque, entre otras cosas, salvan vidas y nos permiten ahorrar energía, tiempo y esfuerzo.**

Salvar vidas En 2004, un tsunami, es decir una ola oceánica gigante, arrasó el sudeste asiático. Fue uno de los peores desastres naturales de la historia; más de un millón de personas perdieron sus hogares. Como resultado, los ingenieros diseñaron un sistema de alerta temprana de tsunamis en el océano Índico, como el de la **ilustración 2.** El sistema de alerta temprana da tiempo para buscar refugio a quienes viven en zonas de mucho riesgo.

Relaciona causa y efecto
Encierra en un círculo la causa de la necesidad de diseñar un sistema de alerta temprana de tsunamis en el océano Índico.

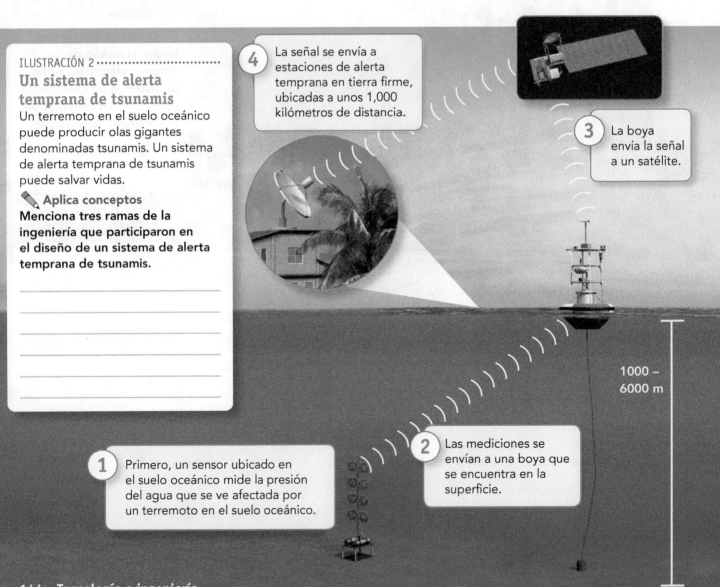

ILUSTRACIÓN 2

Un sistema de alerta temprana de tsunamis
Un terremoto en el suelo oceánico puede producir olas gigantes denominadas tsunamis. Un sistema de alerta temprana de tsunamis puede salvar vidas.

Aplica conceptos
Menciona tres ramas de la ingeniería que participaron en el diseño de un sistema de alerta temprana de tsunamis.

_____

_____

_____

_____

_____

4 La señal se envía a estaciones de alerta temprana en tierra firme, ubicadas a unos 1,000 kilómetros de distancia.

3 La boya envía la señal a un satélite.

1000 – 6000 m

1 Primero, un sensor ubicado en el suelo oceánico mide la presión del agua que se ve afectada por un terremoto en el suelo oceánico.

2 Las mediciones se envían a una boya que se encuentra en la superficie.

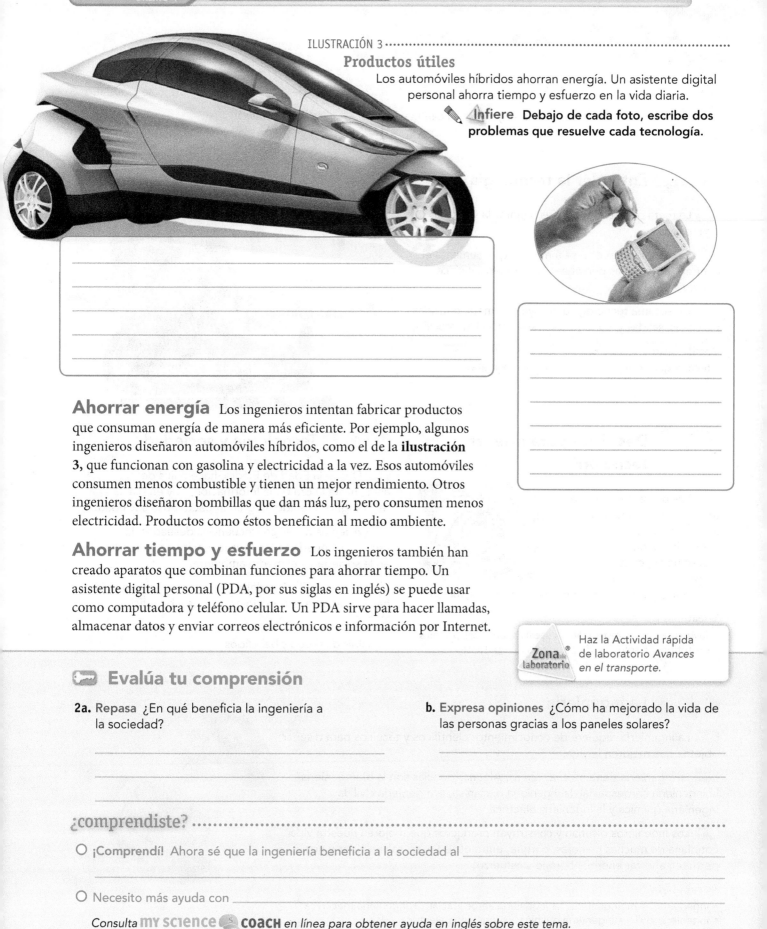

ILUSTRACIÓN 3 ···

Productos útiles

Los automóviles híbridos ahorran energía. Un asistente digital personal ahorra tiempo y esfuerzo en la vida diaria.

✎ **Infiere** Debajo de cada foto, escribe dos problemas que resuelve cada tecnología.

Ahorrar energía

Los ingenieros intentan fabricar productos que consuman energía de manera más eficiente. Por ejemplo, algunos ingenieros diseñaron automóviles híbridos, como el de la **ilustración 3,** que funcionan con gasolina y electricidad a la vez. Esos automóviles consumen menos combustible y tienen un mejor rendimiento. Otros ingenieros diseñaron bombillas que dan más luz, pero consumen menos electricidad. Productos como éstos benefician al medio ambiente.

Ahorrar tiempo y esfuerzo

Los ingenieros también han creado aparatos que combinan funciones para ahorrar tiempo. Un asistente digital personal (PDA, por sus siglas en inglés) se puede usar como computadora y teléfono celular. Un PDA sirve para hacer llamadas, almacenar datos y enviar correos electrónicos e información por Internet.

Zona laboratorio Haz la Actividad rápida de laboratorio *Avances en el transporte.*

🔑 Evalúa tu comprensión

2a. Repasa ¿En qué beneficia la ingeniería a la sociedad?

_____

_____

b. Expresa opiniones ¿Cómo ha mejorado la vida de las personas gracias a los paneles solares?

_____

_____

¿comprendiste? ···

○ **¡Comprendí!** Ahora sé que la ingeniería beneficia a la sociedad al _____

_____

○ Necesito más ayuda con _____

Consulta my science 🔊 COACH en línea para obtener ayuda en inglés sobre este tema.

4 Guía de estudio

La tecnología influye en _____, el número de _____ y cómo se realizan, _____ y la seguridad, la cantidad de _____ que se usa y _____ de vida.

LECCIÓN 1 Entender la tecnología

🔑 La meta de la tecnología es mejorar la vida de las personas.

🔑 La tecnología progresa a medida que aumenta el conocimiento de las personas y se pueden satisfacer nuevas necesidades.

🔑 Un sistema tecnológico incluye una meta, entradas, procesos, salidas y, en algunos casos, retroalimentación.

Vocabulario
- tecnología • ingeniero • obsoleto • meta

LECCIÓN 2 Destrezas para diseñar tecnología

🔑 Los pasos para diseñar tecnología son: identificar una necesidad, investigar el problema, diseñar una solución, construir un prototipo, solucionar problemas y volver a diseñar, y comunicar la solución.

Vocabulario
- lluvia de ideas • restricción • sacrificar una cosa por otra
- prototipo • solución de problemas • patente

LECCIÓN 3 Tecnología y sociedad

🔑 Desde la Edad de Piedra, hace miles de años, hasta la Era de la Información, hoy en día, la tecnología ha tenido un gran impacto en la sociedad.

🔑 Además de las consecuencias deseadas, la tecnología puede tener consecuencias no deseadas en la sociedad y el medio ambiente.

🔑 Para decidir si se debe usar o no una tecnología, hay que analizar sus posibles riesgos y beneficios.

Vocabulario
- análisis de riesgo y beneficios

LECCIÓN 4 La ingeniería

🔑 La ingeniería requiere de conocimientos científicos y técnicos para diseñar objetos que mejoren la vida.

🔑 La ingeniería tiene muchas ramas. Algunas de ellas son la bioingeniería, la ingeniería aeroespacial, la ingeniería mecánica, la ingeniería civil, la ingeniería química y la ingeniería eléctrica.

🔑 Los ingenieros diseñan y construyen productos que mejoran nuestra vida cotidiana de muchas maneras, porque, entre otras cosas, salvan vidas y nos permiten ahorrar energía, tiempo y esfuerzo.

Vocabulario
- ingeniería • bioingeniería • ingeniería aeroespacial • ingeniería mecánica
- ingeniería civil • ingeniería química • ingeniería eléctrica

Repaso y evaluación

LECCIÓN 1 Entender la tecnología

1. La meta de la tecnología es

   a. usar los recursos de manera irresponsable.

   b. mejorar la vida de las personas.

   c. diseñar productos más llamativos.

   d. diseñar productos más pequeños.

2. Un sistema tecnológico bien diseñado tendrá una

salida que coincida con su _____

3. **Compara y contrasta** Da un ejemplo de tecnología obsoleta y tecnología coexistente.

_____

_____

_____

_____

4. **Clasifica** Identifica la entrada, el proceso y la salida de este sistema.

El automóvil avanza. | El conductor presiona el acelerador. | El combustible hace que funcione el motor.

(_____) (_____) (_____)

5. **Escríbelo** Elige un producto tecnológico actual que conozcas, como una calculadora. Imagínate que eres periodista. Escribe un breve informe sobre la presentación del producto al público.

LECCIÓN 2 Destrezas para diseñar tecnología

6. Para diseñar un teléfono celular, los ingenieros tienen en cuenta de qué manera el tamaño y la recepción sonora pueden limitar el diseño. ¿Cómo se denominan estos factores?

   a. prototipos   **b.** patentes

   c. concesiones   **d.** restricciones

7. Cuando los ingenieros _____, pueden leer libros para recopilar información.

8. **Sigue la secuencia** ¿Qué hace un ingeniero después de diseñar una solución?

_____

_____

_____

_____

9. **Relaciona causa y efecto** ¿Cómo ayudan las patentes a recompensar la creatividad?

_____

_____

_____

_____

10. **Expresa opiniones** Un equipo que trabaja en el diseño de un nuevo asiento de bicicleta debe decidir si lo hace cómodo pero costoso, o incómodo pero económico. ¿Qué concesión harías? Explica tu respuesta.

_____

_____

_____

_____

_____

4 Repaso y evaluación

LECCIÓN 3 Tecnología y sociedad

11. El proceso que consiste en evaluar los posibles problemas que puede tener una tecnología, además de sus ventajas deseadas, se denomina

    a. retroalimentación.   **b.** lluvia de ideas.

    c. análisis de riesgo y beneficios.   **d.** hacer prototipos.

12. Una tecnología nueva puede tener consecuencias _____ y _____ en la sociedad y el medio ambiente.

Consulta esta tabla para responder la pregunta 13.

Número de trenes en funcionamiento en los EE. UU., 1900 y 1960		
Tipo	1900	1960
Trenes a vapor	37,463	374
Trenes eléctricos	200	498
Trenes diésel	0	30,240

13. Interpreta datos ¿Qué tipo de tren satisfacía mejor las necesidades de las personas en 1960? Explica tu respuesta.

_____

_____

_____

_____

14. Analiza costos y beneficios Describe un riesgo y un beneficio de viajar en avión.

_____

_____

_____

_____

15. Escríbelo Imagínate que estás organizando una exhibición en un museo en la que mostrarás inventos que han tenido impacto en la sociedad. Elige un invento. Escribe un resumen sobre el invento para presentar en la exhibición.

LECCIÓN 4 La ingeniería

16. Un brazo artificial es un ejemplo de un producto diseñado por la

    a. ingeniería aeroespacial.

    b. ingeniería química.

    c. bioingeniería.

    d. ingeniería civil.

17. _____ consiste en aplicar las ciencias para resolver problemas cotidianos.

18. Saca conclusiones Un aislante es un material que conserva el aire fresco dentro de una casa cuando afuera hace calor y conserva el calor adentro cuando afuera hace frío. ¿Cómo beneficia este producto a la sociedad?

_____

_____

_____

APLICA LA PREGUNTA PRINCIPAL ¿Cómo influye la tecnología en la sociedad?

19. Piensa en una tecnología que uses con frecuencia. Describe tres maneras en que esta tecnología ha influido en la sociedad y el medio ambiente.

_____

_____

_____

_____

_____

_____

_____

_____

Preparación para exámenes estandarizados

Selección múltiple

Encierra en un círculo la letra de la mejor respuesta.

1. Observa la gráfica. ¿Qué puedes predecir sobre la venta de grabadoras de DVD después de 2008?

    A   No se venderán grabadoras de DVD en 2009.

Venta de grabadoras de DVD

(Gráfica de barras: Número de unidades (en millones) vs. Año)

    B   Las personas siempre comprarán grabadoras de DVD.

    C   Las personas comprarán grabadoras de DVD hasta que una nueva tecnología satisfaga mejor sus necesidades.

    D   El número de grabadoras de DVD que se vendieron no se verá afectado por la tecnología emergente.

2. Un lavaplatos es un ejemplo de sistema tecnológico. ¿Cuál es la entrada en un lavaplatos?

    A   Los platos se lavan.

    B   El agua moja los platos.

    C   Se coloca detergente.

    D   El lavaplatos se apaga.

3. Se acaba de diseñar una chaqueta hecha con un material nuevo y liviano. ¿Cuál de estos prototipos sería el mejor para saber si la chaqueta es cómoda?

    A   un modelo de la chaqueta hecho por computadora

    B   una versión de la chaqueta en miniatura

    C   una versión de la chaqueta en tamaño real hecha de algodón

    D   una versión de la chaqueta en tamaño real hecha con el nuevo material

4. Unos ingenieros han diseñado un automóvil nuevo. ¿Cuál de estas concesiones tendría un impacto negativo en la seguridad pública?

    A   elegir materiales de bajo costo en vez de buenos resultados en pruebas de choque

    B   elegir el aspecto en vez de la comodidad

    C   elegir un mejor sistema musical en vez de un mejor sistema de aire acondicionado

    D   elegir un motor más potente en vez de un mejor rendimiento de combustible

5. Una nueva aspiradora robótica que se desarrolló este año es un ejemplo de

    A   tecnología obsoleta.

    B   tecnología emergente.

    C   tecnología de construcción.

    D   tecnología de comunicación.

Respuesta elaborada

Usa tus conocimientos de ciencias para responder la pregunta 6. Escribe tu respuesta en una hoja aparte.

6. Usa la imagen de arriba para describir un sistema. Primero, nombra las partes de la bicicleta que componen el sistema. Después, describe en qué contribuyen esas partes a la entrada, el proceso, la salida y la retroalimentación.

TENSIÓN EN LOS
LUGARES
INDICADOS

Haz un modelo Usa pajillas, bandas elásticas y clips para hacer un modelo de una estructura con tensegridad. Usa las pajillas como vigas, las bandas elásticas para crear tensión y los clips para sujetar las bandas elásticas a los extremos de las pajillas.

Las estrellas de rock y los jugadores de fútbol americano se presentan ante multitudes en el mundialmente famoso Georgia Dome. Pero lo que realmente convierte en legendario al Georgia Dome es que se trata del estadio abovedado y sostenido por cables más grande del mundo. Una idea genial de la ingeniería que se denomina tensegridad inspiró a los ingenieros para crear el famoso techo abovedado.

Una estructura con tensegridad expande la tensión y la compresión en todas sus partes. En el Georgia Dome, tres anillos ovales se ubican a una altura considerable respecto del suelo, sostenidos por postes de acero verticales y un sistema horizontal de triángulos de cables de acero. Los postes de acero ejercen presión hacia abajo en los vértices de los triángulos de cables mientras que los triángulos tiran de los postes. La compresión y la tensión constantes sostienen este techo de fibra de vidrio liviano y resistente. ¡Casi como un paraguas gigante y muy estable!

Las estructuras con tensegridad requieren de poco material para cubrir mucho espacio, por lo que pueden ser muy rentables. Son resistentes y flexibles. Si la presión exterior es demasiado intensa, el techo del Georgia Dome se mueve para reducir la tensión en ciertas áreas, al tiempo que mantiene la tensión general.

Llueva o truene, el techo del famoso Georgia Dome seguirá allí por mucho tiempo, gracias a su ingeniosa estructura.

Museum of Science®

SOLUCIONES DE INGENIERÍA

Para Lisa Short no existe un día típico. Como ingeniera química del gobierno de los Estados Unidos, Lisa usa sus conocimientos de bioquímica para mejorar la manera en que se desarrollan nuevos medicamentos. A veces construye e instala equipos en laboratorios biotecnológicos. O se le puede encontrar investigando técnicas mejores, más rápidas y menos costosas para producir medicamentos. Otras veces, Lisa trabaja en el laboratorio, analizando datos de experimentos.

Cuando estaba en la escuela secundaria, Lisa se concentró en las ciencias y las matemáticas. En la universidad, se especializó en ingeniería química, donde aprendió a preparar experimentos, usó equipos de laboratorio y estudió química y bioquímica. Hoy en día, usa esos conocimientos para mejorar la tecnología con que se preparan los medicamentos.

Los ingenieros químicos trabajan en fábricas, laboratorios u oficinas. Trabajan para mejorar los procesos y las herramientas que se usan para fabricar productos con materias primas. Esos productos pueden ser medicamentos, productos de limpieza, pinturas, cosméticos y cualquier otra cosa que se hace combinando ingredientes para crear una nueva sustancia. Son personas que resuelven problemas usando la química para mejorar el funcionamiento de las cosas. Entonces, la próxima vez que uses jabón o crema para manos o que veas a alguien llenar el tanque de gasolina de un vehículo, recuerda que un ingeniero químico trabajó para mejorar esos productos.

Los ingenieros químicos usan equipos de laboratorio, como la centrífuga que se muestra aquí. Una centrífuga separa las partículas sólidas o líquidas de una mezcla.

Investígalo Los ingenieros químicos usan la química para mejorar los materiales. Identifica un problema que hayas tenido con un material que no funcionó como debía. (Por ejemplo un envoltorio plástico que no se adhiere bien). Escribe una carta a la empresa en la que describas el problema y propongas cómo se debería mejorar el producto.

Símbolos de seguridad

Estos símbolos advierten sobre posibles peligros en el laboratorio y te recuerdan que debes trabajar con cuidado.

 Gafas protectoras Usa gafas protectoras durante cualquier actividad en la que trabajes con sustancias químicas, fuego o una fuente de calor, u objetos de vidrio.

 Delantal Usa un delantal de laboratorio para protegerte la piel y la ropa.

 Frágil Manipula con cuidado los materiales frágiles, como los objetos de vidrio. No toques vidrios rotos.

 Guantes resistentes al calor Usa una manopla para horno u otro tipo de protección para las manos cuando manipules materiales calientes, como hornillas u objetos de vidrio calientes.

 Guantes de plástico Usa guantes de plástico descartables cuando trabajes con sustancias químicas y organismos dañinos. No te toques la cara y sigue las instrucciones de tu maestro para desechar los guantes.

 Objetos calientes Usa una abrazadera o pinzas para sujetar elementos de vidrio calientes. No toques objetos calientes con las manos desprotegidas.

 Fuego Antes de trabajar con fuego, sujeta el cabello suelto hacia atrás y asegura tu ropa para que no queden partes sueltas. Sigue las instrucciones de tu maestro sobre cómo encender y apagar el fuego.

 Prohibido encender fuego Cuando trabajes con materiales inflamables, asegúrate de que no haya fuego, chispas u otras fuentes de calor expuestas.

 Químicos corrosivos Evita que el ácido u otras sustancias químicas corrosivas entren en contacto con la piel, la ropa o los ojos. No inhales los vapores. Lávate las manos después de terminar la actividad.

 Veneno No dejes que ninguna sustancia química tóxica entre en contacto con tu piel y no inhales sus vapores. Lávate las manos cuando termines la actividad.

 Gases Trabaja en un área bien ventilada cuando haya vapores dañinos. Evita inhalar vapores en forma directa. Huele sólo lo que tu maestro te indique y hazlo dirigiendo el vapor con la mano hacia la nariz.

 Objetos punzantes Las tijeras, los escalpelos, los cuchillos, las agujas, los alfileres y las tachuelas pueden lastimarte. Siempre apunta un borde o punta filosos en dirección contraria a ti y a los demás.

 Trato a los animales Trata con cuidado a los animales o las partes de animales vivos o preservados para evitar hacerles daño o sufrir lastimaduras. Lávate las manos al terminar la actividad.

 Trato a las plantas Manipula las plantas sólo como lo indique tu maestro. Si eres alérgico a ciertas plantas, dile a tu maestro y no las uses. Evita tocar plantas peligrosas como la hiedra venenosa. Lávate las manos al terminar la actividad.

 Descarga eléctrica Para evitar descargas, no uses equipos eléctricos cerca del agua, o si están mojados o tienes las manos mojadas. Los cables deben estar desenredados y no deben estorbar. Desenchufa los equipos que no estés usando.

 Seguridad física Cuando un experimento requiere hacer actividad física, evita lesionarte o lesionar a otros. Dile a tu maestro si hay alguna razón que te impida participar.

 Residuos Desecha las sustancias químicas y otros materiales de laboratorio de manera segura. Sigue las instrucciones de tu maestro.

 Lavarse las manos Lávate bien las manos al terminar una actividad. Usa jabón y agua tibia. Enjuágate bien.

 Seguridad general Cuando veas este símbolo, sigue las instrucciones correspondientes. Si debes desarrollar un procedimiento en el laboratorio, pide a tu maestro que lo apruebe antes de llevarlo a cabo.

Cómo usar una balanza de laboratorio

La balanza de laboratorio es una herramienta importante en la investigación científica. Puedes usar una balanza para determinar la masa de los materiales que estudies o con los que experimentes en el laboratorio.

En el laboratorio se usan diferentes tipos de balanzas. Uno de esos tipos es la balanza de triple brazo. Es probable que la balanza que uses en tu clase de Ciencias sea similar a la que se muestra en este Apéndice. **Para usar la balanza de manera adecuada, debes aprender el nombre, la ubicación y la función de cada parte de la balanza. ¿Qué tipo de balanza tienes en tu clase de Ciencias?**

La balanza de triple brazo

La balanza de triple brazo es una balanza de un solo platillo que tiene tres brazos calibrados en gramos. El brazo trasero, de 100 gramos, se divide en diez unidades de 10 gramos cada una. El brazo central, de 500 gramos, se divide en cinco unidades de 100 gramos cada una. El brazo delantero, de 10 gramos, se divide en diez unidades de 1 gramo cada una. A su vez, cada una de las unidades del brazo delantero se subdivide en unidades de 0.1 gramo. ¿Cuál es la mayor masa que podrías medir con una balanza de triple brazo?

Se puede usar el siguiente procedimiento para hallar la masa de un objeto con una balanza de triple brazo:

1. Ubica el objeto en el platillo.
2. Mueve la pesa del brazo central una muesca por vez hasta que el indicador, que está en posición horizontal, quede por debajo de cero. Mueve la pesa una muesca hacia atrás.
3. Mueve la pesa del brazo trasero una muesca por vez hasta que el indicador esté nuevamente por debajo de cero. Mueve la pesa una muesca hacia atrás.
4. Desliza lentamente la pesa del brazo delantero hasta que el indicador marque cero.
5. La masa del objeto será igual a la suma de las cantidades que indiquen los tres brazos.

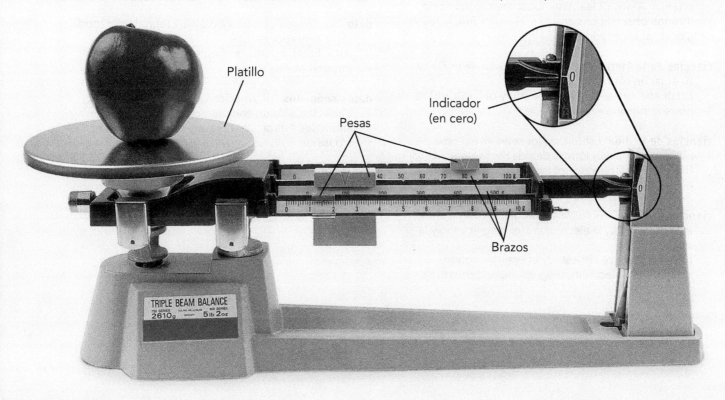

Platillo

Pesas

Indicador (en cero)

Brazos

TRIPLE BEAM BALANCE
2610g   5 lb 2 oz

GLOSARIO

A

análisis de riesgo y beneficios Proceso por el cual se evalúan los posibles problemas de una tecnología y se compara con las ventajas deseadas. (137)
risk-benefit analysis The process of evaluating the possible problems of a technology compared to the expected advantages.

B

beneficio Buena consecuencia de una acción. (40)
benefit A good consequence of taking an action.

bioingeniería Rama de la ingeniería que consiste en aplicar los principios de la ingeniería a la biología y la medicina. (142)
bioengineering The branch of engineering that involves applying engineering principles to biology and medicine.

C

campo Cualquier área fuera del laboratorio. (104)
field Any area outside of the laboratory.

ciencia Estudio del mundo natural a través de observaciones y del razonamiento lógico; conduce a un conjunto de conocimientos. (5)
science A way of learning about the natural world through observations and logical reasoning; leads to a body of knowledge.

ciencias de la Tierra y el espacio Estudio de la Tierra y su lugar en el universo. (54)
Earth and space science The study of Earth and its place in the universe.

ciencias de la vida Estudio de los seres vivos como plantas, animales y formas de vida microscópicas. (53)
life science The study of living things, including plants, animals, and microscopic life forms.

ciencias físicas Estudio de la energía, el movimiento, el sonido, la luz, la electricidad, el magnetismo y la química. (55)
physical science The study of energy, motion, sound, light, electricity, magnetism, and chemistry.

cifras significativas En una medida, todos los dígitos que se han medido con exactitud, más un dígito cuyo valor se ha estimado. (82)
significant figures All the digits in a measurement that have been measured exactly, plus one digit whose value has been estimated.

clasificar Proceso de agrupar objetos con algún tipo de semejanza. (8)
classifying The process of grouping together items that are alike in some way.

conocimiento científico Conocimiento y comprensión de los términos y principios científicos necesarios para evaluar información, tomar decisiones personales y participar en actividades públicas. (43)
scientific literacy The knowledge and understanding of scientific terms and principles required for evaluating information, making personal decisions, and taking part in public affairs.

controversia Desacuerdo público entre grupos con diferentes opiniones. (49)
controversy A public disagreement between groups with different views.

costo Resultado negativo de una acción o de la falta de acción. (40)
cost A negative result of either taking or not taking an action.

D

dato Hechos, cifras u otra evidencia reunida por medio de observaciones. (23)
data Facts, figures, and other evidence gathered through observations.

datos anómalos Información que no encaja con los otros datos de un conjunto de datos. (86)
anomalous data Data that do not fit with the rest of a data set.

densidad Medida de la masa de una sustancia que tiene un volumen dado. (76)
density The measurement of how much mass of a substance is contained in a given volume.

E

entrada Material, energía o información que se agrega a un sistema. (94)
input Material, energy, or information that goes into a system.

error porcentual Cálculo usado para determinar cuán exacto, o cercano al valor verdadero, es realmente un valor experimental. (84)
percent error A calculation used to determine how accurate, or close to the true value, an experimental value really is.

escepticismo Actitud de duda. (12)
skepticism An attitude of doubt.

estimación Aproximación de un número basada en conjeturas razonables. (81)
estimate An approximation of a number based on reasonable assumptions.

ética Estudio de los principios de qué es lo bueno y lo malo, lo justo y lo injusto. (12)
ethics The study of principles about what is right and wrong, fair and unfair.

evaluar Comparar observaciones y datos para llegar a una conclusión. (8)
evaluating Comparing observations and data to reach a conclusion about them.

evidencia Observaciones y conclusiones que se han repetido. (43)
evidence Observations and conclusions that have been repeated.

exactitud Cuán cerca está una medida del valor verdadero o aceptado. (82)
accuracy How close a measurement is to the true or accepted value.

experimento controlado Experimento en el cual sólo se manipula una variable a la vez. (22)
controlled experiment An experiment in which only one variable is manipulated at a time.

G

gráfica Representación visual de la información de una tabla de datos; muestra la relación entre las variables. (89)
graph A picture of information from a data table; shows the relationship between variables.

gráfica lineal Gráfica en la cual los puntos de los datos forman una línea recta. (90)
linear graph A line graph in which the data points yield a straight line.

gráfica no lineal Gráfica lineal en la que los puntos de datos no forman una línea recta. (90)
nonlinear graph A line graph in which the data points do not fall along a straight line.

H

hacer modelos Proceso de crear representaciones de objetos o procesos complejos. (9)
making models The process of creating representations of complex objects or processes.

hipótesis Explicación posible de un conjunto de observaciones o respuesta a una pregunta científica; se debe poder poner a prueba. (20)
hypothesis A possible explanation for a set of observations or answer to a scientific question; must be testable.

I

indagación científica Proceso continuo de descubrimiento en la ciencia; diversidad de métodos con los que los científicos estudian el mundo natural y proponen explicaciones del mismo basadas en la evidencia que reúnen. (19)
scientific inquiry The ongoing process of discovery in science; the diverse ways in which scientists study the natural world and propose explanations based on evidence they gather.

inferir Proceso de hacer una inferencia; interpretación basada en observaciones y conocimientos previos. (6)
inferring The process of making an inference, an interpretation based on observations and prior knowledge.

ingeniería Aplicar las ciencias para satisfacer necesidades o resolver problemas. (143)
engineering The application of science to satisfy needs or solve problems.

ingeniería aeroespacial Rama de la ingeniería que consiste en diseñar, construir y poner a prueba aviones y naves espaciales. (142)
aerospace engineering The branch of engineering that consists of the design, construction, and testing of airplanes and spacecraft.

GLOSARIO

ingeniería civil Rama de la ingeniería que incluye el diseño y la construcción de caminos, puentes y edificios. (143)
civil engineering The branch of engineering that includes the design and construction of roads, bridges, and buildings.

ingeniería eléctrica Rama de la ingeniería que se dedica al diseño de los sistemas eléctricos, como los sistemas de electricidad, control y telecomunicación. (143)
electrical engineering The branch of engineering that involves the design of electrical systems, including power, control systems, and telecommunications.

ingeniería mecánica Rama de la ingeniería que trata del diseño, la construcción y la operación de máquinas. (143)
mechanical engineering The branch of engineering that deals with the design, construction, and operation of machinery.

ingeniería química Rama de la ingeniería que trata de la conversión de las sustancias químicas en productos útiles. (143)
chemical engineering The branch of engineering that deals with the conversion of chemicals into useful products.

ingeniero Persona capacitada para usar conocimientos tecnológicos y científicos para resolver problemas prácticos. (119)
engineer A person who uses both technological and scientific knowledge to solve practical problems.

L

ley científica Enunciado que describe lo que los científicos esperan que suceda cada vez que se da una serie de condiciones determinadas. (27)
scientific law A statement that describes what scientists expect to happen every time under a particular set of conditions.

lluvia de ideas Proceso mediante el cual los miembros de un grupo sugieren libremente cualquier solución creativa que se les ocurre. (127)
brainstorming A process in which group members freely suggest any creative solutions that come to mind.

M

masa Medida de cuánta materia hay en un cuerpo. (73)
mass A measure of how much matter is in an object

media Promedio numérico de un conjunto de datos. (85)
mean The numerical average of a set of data.

mediana Número del medio de un conjunto de datos. (85)
median The middle number in a set of data.

menisco Superficie superior curva de un líquido en una columna de líquido. (74)
meniscus The curved upper surface of a liquid in a column of liquid.

meta Propósito. (122)
goal Purpose.

moda Número que aparece con más frecuencia en una lista de números. (85)
mode The number that appears most often in a list of numbers.

modelo Representación de un objeto o proceso complejo que se usa para explicar un concepto que no se puede observar directamente. (93)
model A representation of a complex object or process, used to help people understand a concept that they cannot observe directly.

O

objetivo Describe el acto de tomar una decisión o llegar a una conclusión basándose en la evidencia disponible. (14)
objective Describes the act of decision-making or drawing conclusions based on available evidence.

observación cualitativa Observación que se centra en las características que no se pueden expresar con números. (5)
qualitative observation An observation that deals with characteristics that cannot be expressed in numbers.

observación cuantitativa Observación que se centra en un número o cantidad. (5)
quantitative observation An observation that deals with a number or amount.

observar Proceso de usar uno o más de tus sentidos para reunir información. (5)
observing The process of using one or more of your senses to gather information.

obsoleto Que ya no está en uso. (120)
obsolete No longer in use.

opinión Idea sobre una situación que la evidencia no sustenta. (43)
opinion An idea about a situation that is not supported by evidence.

P

patente Documento legal emitido por el gobierno que otorga a un inventor los derechos exclusivos de hacer, usar o vender un invento por un tiempo limitado. (131)
patent A legal document issued by a government that gives an inventor exclusive rights to make, use, or sell an invention for a limited time.

peso Medida de la fuerza de gravedad que actúa sobre un cuerpo. (73)
weight A measure of the force of gravity acting on an object.

precisión Cuán cerca se encuentran un grupo de medidas. (82)
precision How close a group of measurements are to each other.

predecir Proceso de pronosticar lo que va a suceder en el futuro, basándose en evidencia o experiencias previas. (7)
predicting The process of forecasting what will happen in the future based on past experience or evidence.

prejuicio cultural Opinión influenciada por las creencias, costumbres sociales y características de un grupo. (13)
cultural bias An outlook influenced by the beliefs, social forms, and traits of a group.

prejuicio experimental Error en el diseño de un experimento que aumenta la probabilidad de un resultado. (13)
experimental bias A mistake in the design of an experiment that makes a particular result more likely.

prejuicio personal Perspectiva influenciada por las preferencias de un individuo. (13)
personal bias An outlook influenced by a person's likes and dislikes.

proceso Secuencia de acciones en un sistema. (94)
process A sequence of actions in a system.

prototipo Modelo funcional usado para probar un diseño. (129)
prototype A working model used to test a design.

R

rango Diferencia entre el mayor y el menor valor de un conjunto de datos. (85)
range The difference between the greatest value and the least value in a set of data.

razonamiento deductivo Manera de explicar las cosas en la que se aplica una idea general a una observación específica. (15)
deductive reasoning A way to explain things by starting with a general idea and then applying the idea to a specific observation.

razonamiento inductivo Usar observaciones específicas para hacer generalizaciones. (16)
inductive reasoning Using specific observations to make generalizations.

restricción Cualquier factor que limita un diseño. (128)
constraint Any factor that limits a design.

retroalimentación Salida que cambia un sistema o permite que éste se ajuste. (94)
feedback Output that changes a system or allows the system to adjust itself.

S

sacrificar una cosa por otra Intercambio en el que se renuncia a un beneficio para obtener otro. (128)
trade-off An exchange in which one benefit is given up in order to obtain another.

salida Material, energía, resultado o producto que un sistema produce. (94)
output Material, energy, result, or product that comes out of a system.

GLOSARIO

símbolos de seguridad Señal de alerta sobre elementos que pueden causar accidentes durante una investigación. (101)
safety symbols A sign used to alert you to possible sources of accidents in an investigation.

sistema Grupo de partes relacionadas que trabajan conjuntamente para realizar una función o producir un resultado. (94)
system A group of related parts that work together to perform a function or produce a result.

Sistema Internacional de Unidades (SI) Sistema de unidades que los científicos usan para medir las propiedades de la materia. (71)
International System of Units (SI) A system of units used by scientists to measure the properties of matter.

sistema métrico Sistema de medidas basado en el número 10. (71)
metric system A system of measurement based on the number 10.

solución de problemas Proceso por el cual se analiza un problema de diseño y se halla una forma de solucionarlo. (130)
troubleshooting The process of analyzing a design problem and finding a way to fix it.

subjetivo Describe la influencia de sentimientos personales sobre una decisión o conclusión. (14)
subjective Describes the influence of personal feelings on a decision or conclusion.

T

tecnología Modo en que la gente modifica el mundo que la rodea para satisfacer sus necesidades o para solucionar problemas prácticos. (117)
technology How people modify the world around them to meet their needs or to solve practical problems.

teoría científica Explicación comprobada de una gran variedad de observaciones o resultados de experimentos. (27)
scientific theory A well-tested explanation for a wide range of observations or experimental results.

V

variable Factor que puede cambiar en un experimento. (21)
variable A factor that can change in an experiment.

variable de respuesta Factor que cambia como resultado del cambio de la variable manipulada, o independiente, en un experimento; también llamada variable dependiente. (21)
responding variable The factor that changes as a result of changes to the manipulated, or independent, variable in an experiment; also called dependent variable.

variable manipulada Único factor que el científico cambia durante un experimento; también llamada variable independiente. (21)
manipulated variable The one factor that a scientist changes during an experiment; also called independent variable.

volumen Cantidad de espacio que ocupa la materia. (74)
volume The amount of space that matter occupies.

ÍNDICE

Los números de página de los términos clave están impresos en negrita.

ÍNDICE

Los números de página de los términos clave están impresos en negrita.

Reconocimientos al personal

Los miembros del equipo de *Ciencias interactivas*, en representación de los servicios de producción, servicios de producción multimedia y diseño digital, desarrollo de productos digitales, editorial, servicios editoriales, manufactura y producción, se incluyen a continuación.

Jan Van Aarsen, Samah Abadir, Ernie Albanese, Gisela Aragón, Bridget Binstock, Suzanne Biron, MJ Black, Nancy Bolsover, Stacy Boyd, Jim Brady, Katherine Bryant, Michael Burstein, Pradeep Byram, Jessica Chase, Jonathan Cheney, Arthur Ciccone, Allison Cook-Bellistri, Vanessa Corzano, Rebecca Cottingham, AnnMarie Coyne, Bob Craton, Chris Deliee, Paul Delsignore, Michael Di Maria, Diane Dougherty, Kristen Ellis, Theresa Eugenio, Amanda Ferguson, Jorgensen Fernandez, Kathryn Fobert, Julia Gecha, Mark Geyer, Steve Gobbell, Paula Gogan-Porter, Jeffrey Gong, Sandra Graff, Adam Groffman, Lynette Haggard, Christian Henry, Karen Holtzman, Susan Hutchinson, Sharon Inglis, Marian Jones, Sumy Joy, Sheila Kanitsch, Courtenay Kelley, Marjorie Kirstein, Chris Kennedy, Toby Klang, Greg Lam, Russ Lappa, Margaret LaRaia, Ben Leveillee, Thea Limpus, Dotti Marshall, Kathy Martin, Robyn Matzke, John McClure, Mary Beth McDaniel, Krista McDonald, Tim McDonald, Rich McMahon, Cara McNally, Melinda Medina, Angelina Mendez, Maria Milczarek, Claudi Mimó, Mike Napieralski, Deborah Nicholls, Dave Nichols, William Oppenheimer, Jodi O'Rourke, Ameer Padshah, Lorie Park, Celio Pedrosa, Jonathan Penyack, Linda Zust Reddy, Jennifer Reichlin, Stephen Rider, Charlene Rimsa, Stephanie Rogers, Marcy Rose, Rashid Ross, Anne Rowsey, Logan Schmidt, Amanda Seldera, Laurel Smith, Nancy Smith, Ted Smykal, Emily Soltanoff, Cindy Strowman, Dee Sunday, Barry Tomack, Patricia Valencia, Ana Sofía Villaveces, Stephanie Wallace, Christine Whitney, Brad Wiatr, Heidi Wilson, Heather Wright, Rachel Youdelman

Fotografía

All uncredited photos copyright © 2011 Pearson Education.

Portadas

J. I. Alvarez-Hamelin, M. Beiró, L. Dall'Asta, A. Barrat, A. Vespignani;
http://xavier.informatics.indiana.edu/lanet-vi/
http://sourceforge.net/projects/lanet-vi/

Páginas preliminares

Page vi, NASA Human Spaceflight Collection; **vii,** Eric Rorer/Aurora/Getty Images; **viii,** Daniel Cox/Photolibrary New York; **ix,** Christian Darkin/Photo Researchers, Inc.; **xi,** iStockphoto.com; **xiii girl,** JupiterImages/Getty Images; **xvi,** iStockphoto.com; **xviii chimps,** Manoj Shah/The Image Bank/Getty Images; **xix l,** Comstock/JupiterUnlimited; **xix r,** Kevin Fleming/Corbis.

Capítulo 1

Pages xxii–1, NASA Human Spaceflight Collection; **3 t,** Michael Nichols/National Geographic Image Collection; **3 m,** Ken Seet/Corbis; **3 m bkgrnd,** Jon Helgason/iStockphoto.com; **3 b,** Richard Haynes; **4,** Michael Nichols/National Geographic Image Collection; **5,** Karl Ammann/Nature Picture Library; **6 b,** Manoj Shah/The Image Bank/Getty Images; **6 t,** Anup Shah/Nature Picture Library; **7,** Christoph Becker/Nature Picture Library; **8,** Kennan Ward/Corbis; **9,** Rainer Raffalski/Alamy; **10 bkgrnd,** Jennifer Borton/iStockphoto.com; **10 b,** Sarah Holmstrom/iStockphoto.com; **11 tl,** Stephen Dalton/Photo Researchers, Inc.; **11 bl,** Karin Lau/iStockphoto.com; **11 r,** Kurt Lackovic/Alamy; **12,** Photo Network/Alamy; **13 peanut,** Gary Woodard/iStockphoto.com; **14 girl,** Ken Seet/Corbis; **14–15 spread,** Jon Helgason/iStockphoto.com; **15 children,** MBI/Alamy; **15 t,** Duncan Walker/iStockphoto.com; **15 b,** Jon Helgason/iStockphoto.com; **16–17,** Stephen Dorey-Commercial/Alamy; **17,** Redmond Durrell/Alamy; **18,** *Galileo Demonstrating the Law of Gravity of the Free Fall* (detail, *The Trial of Galileo*) (ca. 1839), Giuseppe Bezzuoli. Fresco. Museum of Physics and Natural History (Museo di Fisica e Storia Naturale), Florence, Italy; **19,** Andy Sands/Nature Picture Library; **20,** Richard Haynes; **21 t,** Idamini/Alamy; **22 t,** Idamini/Alamy; **22 b,** Richard Haynes; **23–24,** Idamini/Alamy; **25 b,** Idamini/Alamy; **25 t,** U.S. Department of Energy Human Genome Program http://www.ornl.gov/hgmis/home.shtml; **26 hand and crumpled paper,** D. Hurst/Alamy; **26 unfolded paper,** Don Carstens/Brand X Pictures/JupiterImages; **26 folded paper,** Aartpack; **27,** Photodisc/Getty Images; **28 t,** Karl Ammann/Nature Picture Library; **28 m,** Photo Network/Alamy; **28 b,** Idamini/Alamy; **29,** Renee Stockdale/Animals Animals/Earth Scenes; **30,** Image100/Corbis.

Sección especial

Page 32, Academie des Sciences, Paris/Archives Charmet/The Bridgeman Art Library; **33,** Tiago Estima/iStockphoto.com.

Capítulo 2

Pages 34–35, H. Armstrong Roberts/ClassicStock/Corbis; **35 inset,** Comstock/SuperStock; **37 t,** Bob Daemmrich/Corbis; **37 bm,** Eric Rorer/Aurora/Getty Images; **37 b,** Chris Sattlberger/Digital Vision/Getty Images; **38,** Courtesy of Loken Builders; **39,** Larry Dale Gordon/The Image Bank/Getty Images; **40 t,** Bob Daemmrich/Corbis; **40 l,** David Muscroft/Artlife Images; **40 r,** Angela Hampton Picture Library/Alamy; **41 bkgrnd,** Fancy/Veer/Corbis; **41 t,** Vereshchagin Dmitry/Shutterstock; **41 b,** Lisamarie/Dreamstime.com; **42 bkgrnd,** MedicalRF/Photo Researchers, Inc.; **42 b,** Andrew Brookes/Corbis; **43 r,** Daniel Templeton/Alamy; **43 l,** John Short/JupiterImages; **45,** Inspirestock/JupiterImages; **46 browser window,** Haywiremedia/Dreamstime.com; **46–47 bkgrnd,** Imagebroker/Alamy; **48 bkgrnd,** Viorika Prikhodko/iStockphoto.com; **48 l,** Bettmann/Corbis; **49 bkgrnd,** Ekaterina Pokrovskaya/Shutterstock; **49 r,** The Print Collector/age Fotostock; **50 b,** George Silk/Time & Life Pictures/Getty Images; **50–51 t,** Galen Rowell/Corbis; **51,** Stacy Gold/National Geographic/Getty Images; **52,** Copyright © 2009 Phil Channing; **53 t,** Custom Medical Stock Photo, Inc.; **53 bl,** Tony Kurdzuk/Star Ledger/Corbis; **53 br,** Eric Rorer/Aurora/Getty Images; **54 t,** Associated Press/AP Images; **54 m,** Chris Sattlberger/Digital Vision/Getty Images; **54 b,** Arctic-Images/Corbis; **55 b,** Michael Newman/PhotoEdit, Inc.; **55 t,** Stock Connection Blue/Alamy; **55 m,** William Taufic/Corbis; **56 tr,** Radius Images/Alamy; **56 tl,** Friedrich Saurer/Alamy; **56 bl,** NASA/Corbis; **56 br,** Corbis; **57 tr,** Digital Vision/Alamy; **57 tl,** Radius Images/JupiterImages; **57 bl,** Corbis RF/Alamy; **57 br,** Keith Weller/USDA Agricultural Research Service/Bugwood.org; **58 t,** Johnny Franzn/Johner Images Royalty-Free/Getty Images; **58 m,** Maria Grazia Casella/Alamy; **58 b,**

Puedes escribir en el libro.

Es tuyo.

Puedes escribir en el libro.

Es tuyo.

Puedes escribir en el libro.
Es tuyo.

Este espacio es perfecto para dibujar y tomar notas.

Puedes escribir en el libro.
Es tuyo.